AF186935

Anton Memminger

Herr Alt-Bundespräsident Jakob Stämpfli

Und die schweizerischen Eisenbahnen

Anton Memminger

Herr Alt-Bundespräsident Jakob Stämpfli
Und die schweizerischen Eisenbahnen

ISBN/EAN: 9783743437791

Hergestellt in Europa, USA, Kanada, Australien, Japan

Cover: Foto ©ninafisch / pixelio.de

Manufactured and distributed by brebook publishing software
(www.brebook.com)

Anton Memminger

Herr Alt-Bundespräsident Jakob Stämpfli

Herr alt Bundespräsident

Jakob Stämpfli

und die

schweizerischen Eisenbahnen.

✦

Discurse

über

Actiengesellschaften und Staatsbahnen

von

A. Memminger,

gew. Büreauchef bei der Schweizerischen Nordostbahn.

➤✦◄

Zürich.
Verlag von Franz Hanke.
1878.

Vorwort.

Herr Jakob Stämpfli, gewesener Präsident der Schweizerischen Eidgenossenschaft, hat als Mitglied des Nationalrathes in dieser Körperschaft am Schlusse der diesjährigen Maisitzung folgende Motion eingebracht:

„Der Bundesrath ist eingeladen, den Räthen Bericht und Anträge zu bringen, ob und in welcher Weise vom Bunde aus den Mißständen in unseren Eisenbahnverhältnissen begegnet werden könnte, ob durch Centralisation des Betriebes oder Rückerwerbung der Bahnen; mit anderen Worten: über die Frage der Uebernahme der Eisenbahnen oder des Betriebes derselben durch den Bund Bericht zu erstatten.“

Zur vorläufigen materiellen Orientirung in der Sache verwies der Motionssteller auf eine von ihm verfaßte Schrift: „Die schweizerischen Eisenbahnen. Deren Betriebsübernahme und deren Rückerwerbung durch den Bund. Bern 1878.“

Diese Broschüre ist eigentlich ihrem Inhalte nach wenig neu, sondern nur als eine umgearbeitete Auflage der im Jahre 1862 von demselben Verfasser herausgegebenen Publikation: „Rückkauf der schweizerischen Eisenbahnen“ zu betrachten.

Bereits fünf Jahre früher hatte Herr Stämpfli in officieller Stellung als Mitglied des Bundesrathes einen ausführlichen Bericht über die Frage des einstigen Rückkaufes und der diesfalls zu treffenden Einleitungen erstattet. Die Natur und Tragweite der Frage ließ die nachgefolgte öffentliche Besprechung mit und in dem Volke als angezeigt erscheinen; denn nur dann, wenn sie hier Boden fand, war ihre Lösung in den Rathssälen möglich. Allein durch die Opposition, welche einige damals noch in günstigen Finanzverhältnissen schwelgende Bahnverwaltungen erhoben, wurden die Anregungen Stämpfli's bei Seite geworfen, bis die Erscheinungen, welche den Verfasser zu einer Kundgebung seiner Gedanken gedrängt hatten, eine viel bedenklichere Gestalt annahmen, als sie zur Zeit der Herausgabe der ersten Broschüre im Jahre 1862 hatten. In dieser wurde die Lage folgendermaßen gezeichnet:

„Die schweizerischen Eisenbahnzustände sind krankhaft. Von dem über 1000 Kilometer zählenden Netze ist kaum ein Fünftheil in gesunden Verhältnissen; bei vier Fünftheilen des Netzes befinden sich die Gesellschaften in schlimmer Lage; sie haben große Mühe, die bereits verbauten Capitalien in definitive Anleihen zu consolidiren oder die zur Bauvollendung weiter benöthigten unter erträglichen Bedingungen aufzunehmen; bei einem großen Theile des Netzes reicht der Ertrag nicht aus, um die Obligationen zu verzinsen; von Dividende an die Actionäre nicht zu reden.

„Gemeinden und Kantone haben im allgemeinen Eisenbahn-Wettringen und um den Kampf gegen Rivalen zu bestehen, durch Actien- oder Anleihensbetheiligungen sich schwer belastet, was in ihren ganzen Haushalt tief eingreift und sie zu Einschränkungen in nützlichen Administrationsgebieten und zur Erhöhung der bestehenden und Einführung neuer Steuern nöthigt.

„Die gesammte Eidgenossenschaft leidet an dem Rufe schweizerischen Credites und Geschickes, da der Mißcredit und das Ungeschick von Gesellschaften und Privatunternehmungen in den Augen des betheiligten Auslandes mehr oder minder auf das ganze Land zurückfällt; die Netzzerstückelung, die Verschiedenheit der Concessionsbestimmungen und der Administrationssysteme führen zu vielen Hemmnissen und Verwicklungen im Innern und machen jedes einheitliche schweizerische Auftreten nach Außen unmöglich.

„Wie und warum dies so gekommen, ist hier zu erörtern überflüssig. Die Mißstände sind auf dem Boden der Kantonalautonomie und des Privatbaues entstanden.“

Diese Mißstände haben sich seit 1862 nicht blos nicht gebessert, sondern im Gegentheil so verschlimmert, daß die Kritik, welche Wilhelm Sommerfeld vor acht Jahren über Oesterreich gefällt hat, auch schon auf die Schweiz angewendet wurde. „Den modernen Raubrittern“ — schrieb der eben genannte Nationalöconom — „und unter sich verschworenen Cliquen, welche den Staat als die ihnen zugehörende Domaine, die Bevölkerung als die ihnen zur Ausbeutung überwiesenen Heloten ansahen, denen kein Mittel der Bestechung, des Betruges und der Hinterlist zu schlecht war, welche alle Wege kannten und auf allen Wegen zu schleichen und zu ergaunern verstanden, jenen scham- und gewissenlosen Präsidenten, Directoren und Verwaltungsräthen, Amts-, Ehren- und Würdenträgern jeder Art, welche den Staat betrogen und die Bevölkerung corrumpirten, soll und muß endlich das Handwerk gelegt werden. Nicht länger darf der Schweiß des Volkes vergeudet und die Arbeit um ihren Lohn betrogen werden. Bereits hat die Verderbniß in den herrschenden Kreisen die letzte Stufe erreicht, das Laster hat bereits die Scheu verloren und es gibt nicht einmal die Heuchelei der Tugend.“

Leider sind auch die Aussichten auf Beseitigung der Ge=
schwüre an den Körpern der Actien=Gesellschaften, welche dem
großen Schwindel der letzten Jahrzehnte die Fahne getragen
haben, wenig tröstlich, trotzdem eine große Anzahl von Aerzten
sich mit ihren Rathschlägen und Heilmitteln im eidgenössischen
Spital eingefunden hat. Die Lage der Patienten wird im
Gegentheil zusehends schlimmer, mehrere liegen im Todeskampfe,
andere siechen ohne Hoffnung auf Rettung dahin, die dritten
vermögen weder recht zu leben, noch herzhaft zu sterben und
die vierten gehen an den Recepten zu Grunde, welche ihnen
einheimische und vom Ausland berufene Heilkünstler und Quack=
salber ordiniren. Inmitten dieser allgemeinen Misere erscheint
Herr Jakob Stämpfli auf dem Plan, um statt der angewandten
Palliativmittelchen eine Radicalkur zu empfehlen. Ein Hagel von
Steinen fällt auf den Mann nieder, der es wagt, als Mit=
schuldiger an den unglückseligen Gründereien der letzten zehn
Jahre Buße zu predigen und sich als Retter aus der Noth
in empfehlende Erinnerung zu bringen. Doch, seien wir billig!
Der alt Bundespräsident hat auch Verdienste und darum sollte
nicht so einseitig mit ihm in's Gericht gegangen werden. Blei=
ben wir lieber bei der Broschüre!

Herr Stämpfli verlangt die Betriebsübernahme und Rück=
erwerbung der Eisenbahnen durch den Bund, will jedoch davon
ausschließen:

1) Alle Specialbahnen (Rigibahnen, Rorschach=Heiden,
Uetlibergbahn, Appenzeller Bahn, Lausanne=Echallens), bis jetzt
72 Kilometer. Diese mögen selbständig fortleben wie bisher;
der Bund habe kein Interesse, weder sie zu erwerben, noch ihren
Betrieb zu übernehmen.

2) Die fremden Bahnen auf schweizerischem Gebiete, 59 Kilo=
meter. Doch sollte der Bund dahin streben, die auf unserem

Gebiete befindlichen Bahnhöfe, wie Genf, Klein=Basel, Schaff=
hausen, u. s. w. gänzlich als schweizerisches Eigenthum und unter
schweizerische Administration zu bringen. „Die Schweiz allein
darf Herr sein auf ihrem Gebiete!"

Von den Normalbahnen von 2364 Kilometern will Herr
Stämpfli vorderhand ebenfalls bei Seite lassen: alle Linien
von nur localem Charakter, als:

Simplon=Bahn (Bouveret=Sion=Visp) . . .	79,5	Kilometer.
Romont=Bulle	17	„
Freiburg = Payerne und Stäfis = Yverdon .	50,1	„
Böbeli=Bahn	8,2	„
Emmenthal=Bahn	24	„
Aargauische Südbahn	29,9	„
Sulgen=Bischofzell-Goßau	22,5	„
Toggenburger Bahn	24,9	„
Die Nationalbahn, wenigstens bis zu deren		
Liquidationsbereinigung	162	„

418,1 Kilometer.

Immerhin wäre nicht ausgeschlossen die Uebernahme des
Betriebes dieser Nebenbahnen durch den Besitzer der Hauptbahnen
zum Preise der Selbstkosten, wie dieß in Belgien und anderen
Staaten mit Staatsbausystem gegenüber Privatbahnen der Fall sei.

Es kämen demnach in Rückkaufsverhandlung vorläufig nur
ungefähr 1931 Kilometer.

Für die Betriebsübernahme und Rückerwerbung stellt Herr
Stämpfli die Bedingung, daß die Verhandlungen vor Allem für
die Uebernahme des Betriebes zu beginnen hätten.

Zu diesem Zwecke macht er dann folgende Vorschläge:

„1) Käufliche Erwerbung alles Rollmaterials mit Betriebs=
vorräthen u. s. w. auf dem Wege freier Verständigung oder

nach Schatzung durch Experten, gegen eidgenössische Staats=
Eisenbahn=Obligationen.

„2) Regulirung der Zweckbestimmung der Reserve=, Bau=
Erneuerungs=, Amortisations= und Krankencassen=Fonds.

„3) Betriebs=Uebernahme derjenigen Bahnen, über deren
Rückerwerbung der Bund mit den Gesellschaften sich verständigt.

„4) Conversion der bestehenden Eisenbahn=Obligationen und
flottanten Schulden der Bahngesellschaften, welche mit der Rück=
erwerbung einig gehen, in Staatseisenbahn=Obligationen des
Bundes. Wo dermal noch Anleihen mit einem niedrigen Zinsfuße
bestehen, kann der Bund dieselben bis zu deren Verfall fortbestehen
lassen, oder betreffend des Abgabecurses seiner eigenen Obligatio=
nen mit den betreffenden Obligationsinhabern sich verständigen.

„5) Vollziehung der Obligationen=Conversion unmittelbar nach
Verständigung mit den Bahngesellschaften; etwa vom 1. Januar
1880 weg.

„6) Ermittlung des Reinergebnisses für das Actienkapital
nach einem siebenjährigen Bundes=Betriebe, auch vom 1. Januar
1880 an gerechnet. Statutenmäßige Einlagen in die Reserve=,
Bauerneuerungsfonds u. dgl. sind abzuziehen.

„7) Der Bund löst nach Ablauf der sieben Jahre die Actien
ein um den fünfundzwanzigfachen Werth des durchschnittlichen
jährlichen Reinergebnisses der sieben Jahre. Zur Verbesserung
der Abfindung der Actionäre könnten die zwei niedrigsten Renditen=
jahre der siebenjährigen Periode außer Berechnung gelassen werden.

„8) Die Differenz oder der Gewinn auf dem Zinse des
Bundes=Obligationen=Capitals soll nicht den Actionären zu gut
kommen, sondern dem dafür Garantie leistenden Bunde. Dieser
Gewinn darf hinwieder auch nicht für die gewöhnlichen Bundes=
bedürfnisse verwendet werden, sondern ist damit die Amortisation
der Bundes=Eisenbahn=Obligationen durchzuführen.“

Diese Vorschläge sind in der Presse ganz oder theilweise wiedergegeben worden. Viele Blätter reprobucirten sie blos im Vorbeigehen, ohne irgend eine kritische Bemerkung; die meisten empfahlen dieselben en bloc oder verwarfen sie, ohne selbst in der Lage zu sein, andere Projecte zur Verbesserung der Lage auch nur in groben Umrissen anzudeuten. Diese Unfähigkeit der Gegner beweist wenigstens, wie geringes Verständniß für die volkswirthschaftlichen Fragen im Allgemeinen und für die Eisenbahnfrage im Besonderen bei den meisten Pächtern der öffentlichen Meinung anzutreffen und wie groß anderseits die Schwierigkeiten sind, Vorschläge zu machen, durch Veröffentlichung derselben die Discussion zu beleben, das Interesse hiefür zu verallgemeinern und durch ernsthafte Kritiken zur Beleuchtung und Förderung der zweifellos hochwichtigen Sache beizutragen. Lediglich in dieser Absicht werden die nachfolgenden Erörterungen, welche zum Theil schon in Fachzeitschriften von mir publicirt worden, in Form einer Broschüre der Oeffentlichkeit übergeben. Nachgerade muß es ja Jedermann klar werden, daß die Actionäre, in deren Macht es gelegen war, ohne Zuhilfenahme von Papa Staat und Mutter Regierung eine vernünftige Vereinigung der verschiedenen Eisenbahnunternehmungen herbeizuführen, zu beschränkt und zu unfähig sind, um irgend eine Action, und sollte dieselbe noch so sehr in ihrem eigenen Interesse liegen, zu unternehmen. Sie sind und bleiben jenen römischen Fechtern gleich, welche beim Eintritt in die Arena dem Gebieter, der sie in den Tod schickte, zuriefen: Morituri te salutant! „Die Sterbenden bringen dir ein Hoch!" Nicht anders handeln die Actionäre, indem sie aus den Händen der Directoren „unter bester Verdankung" ihr Todesurtheil, die Geschäftsberichte entgegennehmen, und darum bleibt schließlich nur das einzige Mittel, daß der Staat sein eigenes Interesse wahrnimmt, sich auf eine höhere Warte stellt, über die Köpfe der Actionäre hinwegschreitet und mit der jetzigen tollen Mißwirthschaft der Actienbahnen reinen Tisch macht, eingedenk der Worte des Dichters:

> Doch, es ist dahin, es ist verschwunden
> Dieses hochbegünstigte Geschlecht.
> Wir, wir leben! Unser sind die Stunden,
> Und der Lebende hat Recht.

Zürichhorn-Riesbach,
1878, am Jahrestage der Schlacht von Sempach.

Der Verfasser.

Der Beginn der verheerenden industriellen Krisen, von denen die Schweiz bis auf den heutigen Tag betroffen wurde, fällt mit dem Anfange der Entwicklung des Eisenbahnwesens zusammen. Diese Erscheinung ist keineswegs ein Zufall, sondern die Wirkung einer ganz bestimmten Thatsache, der Thatsache nämlich, daß Bau und Betrieb der Eisenbahnen der privaten Thätigkeit überlassen wurden, ohne irgend ein Correctiv gegen die Ausschreitungen der Speculation und Agiotage vorgesehen zu haben. Nicht der Privatbau an sich war, wie Herr Stämpfli meint, das Verderbliche, sondern der Privatbau in Verbindung mit der schrankenlosen Wirthschaft der Actiengesellschaften. Die Bundesversammlung hätte den Bau der Eisenbahnen füglich der Privat-Thätigkeit überlassen können, aber sie mußte dann den Competenzen der Actiengesellschaften einen möglichst engen Rahmen beschreiben. Dies ist im Jahre 1852 unterlassen und später nie nachgeholt worden. Zuerst erschien den tonangebenden Manchestermännern die Umzäunung der „freien Concurrenz" der Actiengesellschaften gleichbedeutend mit der Unmöglichkeit, das Princip des Privatbaues in's Leben einzuführen und später war den „beati possidentes" Alles daran gelegen, sich keine Beschränkung ihrer Machtvollkommenheit auferlegen zu lassen. Der erstere Grund — der Widerspruch der „freien Concurrenz" und der Policirung der Actiengesellschaften — war hinwiederum für die Gegner der Manchestermänner ein Hebel, den sie für den Staatsbau der Eisenbahnen einsetzten. Der Staatsbau fiel, und statt seiner wurde die „freie Concurrenz", der Privatbau ohne irgend welche Cautelen gegen die Actienwirthschaft beliebt. Die Folgen dieses verhängnißvollen Beschlusses der Schweizerischen Bundesversammlung culminiren

in der gegenwärtigen Krisis. „Das eben ist der Fluch der bösen
That, daß sie fortzeugend Böses muß gebären." Durch das
Privatbahn=System kam das Actienwesen in Flor; es entstand
eine Unternehmung nach der andern; das „Gründen" wurde aus
einem Bedürfniß ein förmliches Geschäft, ein collossaler Schwindel;
die „Rinder" — die Actionäre — weideten die öde Haide
der Speculation ab; die „Kinder," — die Gründer und Grün=
dungen — vermehrten sich so rasch, wie gewisse Schmarotzer=
thierchen; die Sucht nach Erwerb und „mühelosem Gewinn"
rief auf allen Gebieten des Handels und der Industrie eine
Ueberproduction hervor und deren natürliche Folge ist die jetzige
acute Krisis, von welcher das Ende noch gar nicht abzusehen ist.

Die Actienbahnen sind krank, sehr krank, und es ist ihnen
schwerlich mehr zu helfen. Alle Curen, von denen eine Besserung
erhofft wird, werden sich auf Moschus rebuciren. Die Recon=
valescenz wird sich als die Einleitung zum Rückfall in die alte
Krankheit erweisen und das Uebel nur verschlimmern. Die Privat=
bahnen in der Schweiz leiden eben an einem unheilbaren
Schwindel. Bis vor einigen Jahren ließ sich das Publikum
durch die fetten Spargeln, welche auf den Mistbeeten des Gründer=
und Actienwesens gewachsen sind, den Mund wässerig machen.
Die Gärtner ernteten Lob, Bewunderung und großen Verdienst.
Plötzlich stellt sich der Coloradokäfer der Krisis ein, „leer ge=
brannt ist die Stätte" und gar Mancher steht „am Grabe seiner
Habe." —

Der alte Görres erzählt irgendwo in seiner Mystik, daß
jene, die mit dem Teufel in einen Bund getreten, um Geld zu
bekommen, stets nur ein „gespenstisches Geld" erhielten, das aber
in der wirklichen Welt allen Werth verlor und sich in Unrath
und Koth verwandelte. Der Belzebub ist das moderne Gründer=
thum, welches ebenfalls denen, die sich mit ihm einlassen, ein „ge=
spenstisches Geld" gibt, das sich in Unrath und Koth auflöst.
Die Actie ist für den Belzebub das Mittel, mit dem er sich auf
Kosten des Volkes bereichert und zwar auf eine Weise, welche

die Erwerbsart der Kornwucherer des alten Rom und der Stegreifhelden des Mittelalters hinter sich läßt. „Ein Diebstahl" — sagt der ehemalige österreichische Minister Schäffle — „ein Diebstahl ins Große wird heute in Europa getrieben, woneben das Raubritterthum und die theokratische Auszehntung von ehedem edle Metiers waren, und er führt zu Ehren statt in's Zuchthaus."

Dem gleichen Gedanken gab schon im Jahre 1852 die Majorität der Eisenbahnkommission des Schweizerischen Nationalrathes Ausdruck, indem sie das Actienwesen mit seinen Folgen, dem **Börsenschwindel und der Bereicherung einzelner Großgeldmänner zum Schaden der Gesammtheit**, als den schwarzen Flecken des Privatbahnsystems bezeichnete. Gerade auf diesen Punkt wird heute bei der Erörterung der Frage, ob Staats- oder Privatbahnen, zu wenig Gewicht gelegt. Nicht darauf kommt es an, ob die Privatbahnen um einige Procent billiger verwaltet werden als Staatsbahnen, — es läßt sich übrigens hierüber bei der zweifelhaften Rechnungsmethode der Actienbahnen Bestimmtes gar nicht sagen — sondern die Hauptfrage formulirt sich dahin: „Wer fügt dem Volke im Allgemeinen größeres Unheil zu, das Privat- oder Staatsbahnsystem, und wie kann weiterem Unfuge vorgebeugt werden?" Dadurch daß man fortwährend neue Schulden contrahirt und die Katastrophe durch Inaugurirung neuen Schwindels auf einige Zeit vertagt, wird das Nationalvermögen vergeudet und dem Volkswohlstande werden immer größere Wunden geschlagen. Der Einwand, daß die Actienbahnen auf's Schuldenmachen angewiesen sind und ohne dasselbe nicht existiren können, ist nicht stichhaltig. Die Toggenburger Bahn, die einzige solid verwaltete Eisenbahn in der Schweiz, hat vom Tage der Betriebseröffnung an den Bauconto geschlossen, sie hat keinen Centime Schulden mehr, bestreitet alle und jede Ausgabe aus den bescheidenen Betriebseinnahmen, besitzt Fonds für Erneuerung des Bahnkörpers, des Oberbaues und des

Transportmaterials und hat diese Fonds nicht bei der eigenen Casse, sondern bei einer soliden Bank angelegt. Diese ganz den Grundsätzen einer tüchtigen Wirthschaft entsprechende und leider in der Schweiz einzig dastehende Eisenbahnverwaltung wird freilich aufhören, sobald eine Direction nach dem Herzen der Gründer- generäle die Geschäfte übernimmt. Denn in der That ist die gute oder schlechte Verwaltung ganz von dem Belieben der fac- tisch unumschränkten und über dem Gesetze stehenden Directoren abhängig.

Welchen Nachtheil das persönliche Belieben der Verwaltung bei solchen Actiengesellschaften ausübt, welche nicht blos einen privatgewerblichen, sondern auch einen großen volkswirthschaftlichen Zweck erfüllen sollen, das sehen wir deutlich bei unseren Eisenbahnen. Vor dem Egoismus der Directoren tritt das allgemeine Interesse in den Hintergrund. Die Mehrheit der nationalräthlichen Commission, welche die erste Eisenbahngesetz- gebung berieth, hatte eine prophetische Eingebung, als sie sagte: „Ein Staat, der diesem System huldigt, muß sich das traurige Zeugniß geben, eine Schöpfung, welche wie bis dahin keine Zweite das Gedeihen von Ackerbau, Gewerbe und Handel be- dingt, der Gewinnsucht ausgeliefert zu haben. Hat nicht der Staat, und namentlich der freie Staat die heilige Pflicht, für die Befriedigung allgemeiner socialer Bedürfnisse keine Monopole in fremder Hand zu begründen? Große Eisenbahngesellschaften sind eine Macht im Staate, doppelt einflußreich in kleinen Staaten und ist es in größeren Ländern nicht möglich, sie in Schranken zu halten, um wie viel größer muß die Gefahr in kleineren sein, zumal wenn der Schwerpunkt der Gesellschaft noch außer Landes ist!"

Diesen Worten fügte die Commissionsmehrheit das Votum bei, welches Lamartine in der französischen Deputirtenkammer bei der Debatte über das Eisenbahngesetz abgegeben hat:

„Es ist ein Gesetz der Geschichte, daß die wahre Freiheit mit dem Bestehen der Actiengesellschaften unverträglich ist. Die

Existenz der Actiengesellschaften ist die Freiheit des Privilegiums, nicht das der Demokratie; und es gibt keine zweite Form der Tyrannei, welche die Individuen und die allgemeinen Interessen in gleicher Weise zu unterjochen vermöchte wie die Tyrannei der Actiengesellschaften. Man lasse sie nur ein wenig auf= kommen und sie werden Meister sein; sie werden herrschen und keine anderen Interessen kennen als die ihrigen. Werdet ihr ihnen nahe treten, dann wird Alles, was drum und dran hängt, ein riesiges Geschrei erheben. Die Regierungen werden sich des Einflusses der „Gründer“ nicht zu erwehren vermögen; diese werden sich überall einschleichen, die Presse, die öffentliche Meinung, die gesetzgebenden Behörden inspiriren, sie werden überall ihre Fürsprecher und Helfer haben. Wo aber will das hinaus, wenn außer den Banken und Industriegesellschaften auch noch die Eisenbahnen auf Actien begründet werden? Das Volk ist von der mittelalterlichen Feudalherrschaft erlöst worden; jetzt aber sollen wir zugeben, daß das Volk aufs Neue geknechtet und an die Stelle der Feudalherrschaft die Macht des Geldsacks gesetzt werde?! Diese Macht aber wird Alles an sich reißen, wenn wir das Land nicht von der Tyrannei der Actiengesell= schaften befreien!“

„Und wahrlich“ — so schließt die Commission ihren Bericht — „die Worte Lamartine's haben eine prophetische Bedeutung er= langt. Möge man sie beherzigen!“

Die Mehrheit der Bundesversammlung beherzigte die Worte Lamartine's nicht. Vergeblich appellirte Präsident Munzinger an den Patriotismus und die bessere Einsicht: die Mehrheit war gegen ihn. Dieser Vorgang erinnert lebhaft an die An= strengungen des Präsidenten Jackson, der seine ganze Energie aufbot, um den Congreß der nordamericanischen Union zum ent= schiedenen Vorgehen gegen die Actiengesellschaften zu bestimmen. Der Congreß verwarf die Anträge des weitsichtigen Staats= mannes und sanctionirte damit jene tolle Wirthschaft, welche im vorigen Jahre die Volksleidenschaften bis zur Empörung ent= flammte.

Wenn die Bundesversammlung im Jahre 1852 die Größe der an sie gestellten Aufgabe in ihrer vollen Tragweite erkannt hätte, dann würde man jetzt in dem Suchen nach Mitteln, welche der Krisis, das heißt der Reaction gegen den Schwindel, die Spitze abbrechen sollen, wohl nicht vom Hundertsten in's Tausendste fallen, um schließlich auf den Trümmern der alten Herrlichkeit ein Kartenhaus zu errichten, die Krisis in Permanenz zu erklären, den Credit und das Vertrauen vollständig zu ver= nichten, die Thatkraft der Individuen durch einen traurigen und aussichtslosen Kampf um's Dasein zu lähmen, das Volk zur physischen und geistigen Verkümmerung zu verurtheilen oder auch das Andenken an das Jahr 1789 durch eine Revolution zu be= gehen.

> Suchet nicht vergebens Heilung!
> Uns'rer Krankheit schwer Geheimniß
> Schwankt zwischen Uebereilung
> Und zwischen Versäumniß.

Dieses Wort des Altmeisters Göthe paßt treffend auf die schweizerischen Zustände.

Uebereilung und Versäumniß sind die Ursachen, welche auf den politischen und wirthschaftlichen Zuständen wie ein erdrücken= der Alp lasten. Damit ist die Diagnose der Krankheit gegeben. Aber wie sie geheilt werden soll, das ist die Frage.

Allerdings wird die Krisis über kurz oder lang einen Ab= schluß finden; allein ebenso sicher ist, daß ein Rückfall unaus= bleiblich sein wird, wenn nicht die Wurzel des Uebels getroffen wird. Diese Wurzel ist das Actienunwesen. —

Mirabeau schreibt in seiner berühmten „Anklage gegen die Agiotage":

„In Law's Zeiten fehlten Männer, welche das eitle Blend= werk des Augenblicks zu bekämpfen gewußt oder gewagt hätten, methodisch und klar ihre Gründe gegen die Richtigkeit seiner glänzenden Versprechungen zu entwickeln, dann hätte dieses System nicht solches Unheil stiften können."

In der Schweiz hat es wahrlich nicht an Männern gefehlt, welche „das eitle Blendwerk des Augenblicks" zu bekämpfen gewußt. Schon die beiden im Jahre 1850 vom Bundesrath berufenen Experten Stephenson und Swinburne führten das Beispiel Englands vor Augen und warnten eindringlich vor dem Mißbrauche des Grundsatzes der „freien Concurrenz", sowie vor der auf dieses Princip basirten Actienwirthschaft. Mit beredten Worten erinnerten die beiden Männer an die verderblichen Wirkungen, welche die fruchtlose Verschleuderung eines ungeheuren Capitals durch eine Minorität von Privilegirten über das Land heraufbeschwören werde. Die Schweiz sei jetzt in der Lage, aus den in England gegebenen Beispielen Nutzen zu ziehen; die natürlichen Hindernisse, welche die Oberfläche ihres Bodens darbiete, machten es ihr zur unumgänglichen Pflicht, die Früchte dieser Erfahrungen wohl zu beachten, da sonst die Folgen bei den beschränkten Hülfsmitteln noch bedauernswürdiger sich zeigen könnten, als dies in England der Fall sei.

Der Expertenbericht fand bei den Manchestermännern, den Anhängern des „laissez faire, laissez aller" und den Vertheidigern der „freien Concurrenz", zu deren Hauptvertretern einige Zürcher „Staatsmänner", namentlich der nachherige Nordost- und Gotthardbahn-Director Alfred Escher, zählten, keinen Anklang. Mit dem wohlfeilen, aber bei der nicht denkenden Plebs noch immer verfangenden Axiom: „Was verstehen die Ausländer von unseren schweizerischen Verhältnissen?" — gingen sie zu ihrer Tagesordnung über: „Die Eisenbahnen sollen der Privatindustrie verbleiben."

Die Macht, über welche sie verfügten, und die Mittel, welche sie anwandten, um die herrschenden Vorurtheile sich dienstbar zu machen, setzten sie in den Stand, nicht blos die Meinung der beiden Ausländer, sondern auch die Gutachten von hervorragenden Inländern mit blendenden Phrasen und eitlen Versprechungen zu entkräften.

In dem ebenfalls im Jahre 1850 erschienenen Gutachten

2

des Rathsherrn Geigy von Basel wurde auf die ungenügende Organisation der Actiengesellschaften aufmerksam gemacht, da die Generalversammlung der Actionäre nur dem Namen nach die oberste Instanz sei und in Wirklichkeit die Entscheidung von einigen wenigen Personen abhänge, auf die sich die Vollmachten concentrirt haben. „Nicht wahr!" ertönte es aus dem gegnerischen Lager, „denn wir werden unsere Actiengesellschaften demokratisiren."

Von der Demokratisirung der Aktiengesellschaften ist auch anderwärts schon viel gesprochen und geschrieben worden; allein alle Versuche in dieser Richtung, selbst die gutgemeinten, waren nicht von dem erwünschten Erfolg begleitet.

Die besten Organisationen von Actiengesellschaften beruhten auf Täuschung; denn die Actiengesellschaft ist vor Allem keine so bestimmt und streng umschriebene Gesellschaft von Menschen, wie der Staat oder die Gemeinde; die Actiengesellschaft ist überhaupt gar keine Gesellschaft im eigentlichen Sinne des Wortes. Die Actionäre sind meist eine bunt zusammengewürfelte Menge von Menschen, welche bei dem häufigen Wechsel der Actientitel täglich die Physiognomie verändert und deshalb der Fähigkeit zu einer entschiedenen Action oder durchgreifenden Controle ermangelt. Die Besitzer der Actien kennen einander nicht und stehen sich meist persönlich ferne, auch besitzen sie in der Regel nicht das mindeste Verständniß von dem Geschäfte, dessen Theilhaber sie sind, noch haben sie ein anderes Interesse, als das der Dividende oder der Cursdifferenz. Die Generalversammlung, die einzige Gelegenheit, welche sich einmal im Jahre dem Actionär bietet, um sich als Eigenthümer des Geschäftes zu geriren, ist eine Comödie. „Eine wunderlichere Schöpfung" — sagte Lasker in seiner berühmten Rede gegen die Gründer — „als die moderne Generalversammlung hat es in allen bisherigen Jahrhunderten nicht gegeben."

In That und Wahrheit ist die Actiengesellschaft nichts mehr und nichts weniger als ein Sack Geld, und dieser Sack

Geld erhält von der Gesetzgebung dieselben Rechte vindicirt, die der Staat sich selbst, seinen Organen — den Gemeinden — sowie der handlungsfähigen Person zuerkennt. Dieser Sack geht lästige Verträge ein, häuft Schulden auf Schulden, und wenn er leer ist, dann sind diejenigen, welche ihm eine große Firma gegeben, ihm die juristische Person, das heißt das Recht des Schuldenmachens, verschafft und demselben gestattet haben, den Credit durch ihren Leichtsinn oder ihre Habsucht auf unverantwort= liche Weise auszubeuten, aller Verpflichtungen ledig, sie haften mit keinem Centime, während der Staat, die Gemeinden und der gewöhnliche Bürger diese Vergünstigung nicht genießen. Mit Recht fragte darum Geigy, ob es sich in einem Freistaate ge= zieme, Monopole und Privilegien an Private zu vertheilen. —

„Statt der Freiheit" — klagte C. Morel von St. Gallen in seiner 1851 erschienenen Schrift: „Das schweizerische Eisenbahn= netz" — „wird das Monopol begünstigt und die Association macht der Agiotage und der selbstsüchtigsten, engherzigsten Spe= culation Platz. Das allgemeine Interesse tritt gegen das Privat= interesse vollständig zurück, ohne daß dieses lange fragt, ob seine Handlungsweise mit den allgemeinen Interessen der Ge= sammtheit sich vereinigen lasse oder nicht."

Diese Aeußerung Morel's wurde durch die Publicationen unserer Actiengesellschaften vollständig bestätigt. Sie regten die hochfliegendsten Hoffnungen an, versprachen die ver= lockendsten Gewinne und nahmen mit Versicherungen den Mund voll, in welchen der unbefangene und ruhige Beobachter alle Symptome des Actienschwindels en gros zu erkennen ver= mochte. Wenn nun aber die von den Actiengesellschaften eta= blirten Geschäfte wirklich so gewinnversprechend waren, als die Prospecte dem Publicum vormalten, dann war absolut kein Grund vorhanden, den Actiengesellschaften das unbeschränkte Recht des Schuldenmachens — und hier sitzt das Haupt= privileg und Hauptübel — zu verleihen. Freilich würden bei dieser Einrichtung keine Noten von Actienbanken existiren, keine Intercalarzinsen (b. h. während der Bauzeit keine Zinsen an das Unternehmercapital, an die Actien) bezahlt, keine Dividende aus den geliehenen Geldern entrichtet, keine Reservefonds aus den gemachten Schulden angelegt, keine voraussichtlich unrentablen Linien gebaut, nicht Millionen verschleudert, noch auch Uebertragungen von der Betriebs= auf die Baurechnung gemacht worden sein. Das aber wäre für die Verwaltungen, welche alsdann die Hieroglyphen=Sammlungen der Geschäfts=Berichte, die falschen Bilanzen und die vier= und mehrfachen Rechnungen hätten abbanken müssen, fatal geworden, weil ja ohne Schulden Alles aus dem Einen Sacke der Actionäre gegangen wäre und diese sich in Folge dessen eher, als es bisher der Fall war, veranlaßt gesehen hätten, die Directionen zur Aufstellung einer einzigen, auch dem Laien verständlichen Rechnung zu nöthigen.

Leider boten nicht blos die schweizerischen Bundes=, sondern auch die kantonalen Gesetze keine Garantie gegen die Ausschreitungen und Uebergriffe der Actiengesellschaften. Der Bundespräsident Munzinger erkannte diesen Mangel, sowie die Schwierigkeiten, demselben abzuhelfen und deswegen befürwortete er in seiner vom 7. April 1851 datirten Botschaft an die Bundesversammlung den Bau der Eisenbahnen durch den Staat; denn es seien die vorsichtigsten Concessionen nicht im Stande, den drohenden Uebelständen zu begegnen. Er theilt die Ansicht Stephenson's und die Besorgnisse Morel's, welcher glaubte, daß die Actiengesellschaften schließlich doch nur die gutrentirenden Linien ausführten und für die übrigen die Unterstützung des Staates und der Gemeinden in Anspruch nehmen würden.

In dieser Unterstützung erblickte Bundesrath Munzinger mit Recht ein weiteres Hauptübel der Actienbahnen. Wenn diese blos die bürgerliche Gesellschaft, die einzelnen Individuen, in die Speculation hereingezogen hätten, so würden sie mit ihrem Latein viel eher an's Ende gekommen sein. Allein durch die

Stellung, welche die Leiter der Actienbahnen in der Societät und im Staate einnahmen, gelang es ihnen, auch die organisirte Ge= sellschaft, die Gemeinden, Kantone und sogar den Bund an ihren Unternehmungen bald direct, bald indirect, durch Steuerbefreiun= gen, Landschenkungen, Naturalleistungen, andere Vergünstigungen, unverzinsliche Darleihen und Actienzeichnungen zu betheiligen. Ein solches Verfahren involvirte, von allem Anderen abge= sehen, eine große Verletzung der Rechtsgleichheit. Denn wenn die Gemeinwesen aus ihren Cassen Actiengesellschaften unterstützen, so entsteht für jedes Privatunternehmen und für jeden Bürger ein Anrecht auf Staatshilfe, auf die öffentliche Unterstützung. Ja wir behaupten sogar, daß derartige Ansprüche Seitens einzelner Kategorien des arbeitenden Volkes, wie Schustern, Schneidern 2c. viel mehr begründet sind als von Actienbahnen. Denn am Ende kann die Schweiz eher ohne Gotthardbahn, ohne National= und Jurabahnen existiren, als ohne Schuster und Schneider. Die gesellschaftliche Nothwendigkeit und Nütz= lichkeit der letzteren ist zweifellos eine größere als jene der Direk= toren gewisser Actiengesellschaften, welche unablässig dem „Racker Staat" zur Ader lassen.

Herr Stämpfli hat es versäumt, dieses Moment in seiner Broschüre hervorzuheben, obschon gerade er, mehr als manch' Anderer, im Stande ist, aus eigener Erfahrung über jene Krank= heitserscheinung zu berichten. Wer aber eine Krankheit heilen will, muß vorerst den Sitz und die Ursachen derselben erkennen. Daß Herr Stämpfli hier sich in Schweigen hüllt, darf wohl als ein Verstoß gegen die Elementarbegriffe der Eisenbahn=Pathologie notirt werden. Als Entschuldigung für Herrn Stämpfli mag übrigens dienen, daß er den Fehler der Vergeßlichkeit mit anderen seiner Nationalraths=Collegen gemein hat. So äußerte sich Herr Alfred Escher in dem von ihm unterzeichneten, vom 1. Mai 1852 datirten Bericht der nationalräthlichen Kommission über die Unter= stützung der Actienbahnen durch den Staat in der Form der Uebernahme von Actien oder Zinsengarantie folgender= maßen:

„Im Allgemeinen sprechen gegen die Zinsengarantie, über=
haupt gegen alle Geldunterstützungen von Seite
des Bundes, dieselben Gründe, welche gegen den Staatsbau
selbst angeführt werden. Von den Vortheilen, die man von der
Staatsunterstützung erwartet, geben wir nur diejenigen für den
Rentner und Speculanten zu. Der Capitalist gewinnt hier auf
Kosten des Bundes. Wir halten nun eine solche Staatsunter=
stützung ihrem Principe nach für den Associationsgeist, wie er
sich in unserem Schweizervolke entwickelt und in der That, wie
in wenigen andern Ländern, Ausgezeichnetes für das Gemein=
wesen gewirkt hat, als höchst verderblich, weil denselben in seinem
innersten Wesen fälschend. Es fällt hier das Hauptmerkmal der
Association, die freie Vereinigung der Kräfte hinweg. Unter solchen
Umständen kann aber nicht mehr die Rede sein von Erweckung
und Erstarkung des Associationsgeistes, indem dieser nichts Anderes
ist, als das Gefühl verbündeter Kraft zur Erreichung des höhe=
ren Zieles durch Bestehen der Gefahr und Bewältigung der
Hindernisse.

„Bei dem bisherigen Actienwesen in der Schweiz war das
Risico das natürliche Gegengewicht gegen Actienschwindelei, welches
die kleineren Capitalisten, die Stiftungs= und Vermögensver=
waltungen, die Pflegschaften und Waisenämter, kurz alle diejenigen,
die sich bisher dem Real= und Hypothekenbesitze der Landwirth=
schaft und den Gewerben zuwendeten und auf allfällige Gewinnste
nicht zu speculiren wagten, — stets abgehalten hat, ihre festen
Capitalien flüssig zu machen. Diese würden sofort aus ihrem
wohlthätigen und sicheren Wirkungskreise herausgerissen, ihnen
würde der Charakter als Erwerbscapital geraubt und dafür der=
jenige des Nutzungscapitals aufgedrückt. Der Gewinn, welcher
früher als Lohn der Arbeit auftrat, würde der Unthätigkeit zu=
gewiesen und es dürfte ein bedenklicher Fortschritt auf
der Bahn der einseitigen Bereicherung und der
vielseitigen Verarmung gethan werden.

„Gegen die Betheiligung des Bundes sprechen vor Allem

auch die Verlegenheiten, in welche die eidgenössischen Behörden
geriethen, wenn es sich um die Ausmittelung des Maßes dieser
Betheiligung auf die einzelnen Bahnen und um immer wieder=
kehrende gleiche Begünstigungen bei neuen Eisenbahn=
unternehmungen handeln würde. Ein schlagendes Beispiel,
wohin solche Unterstützungen, einmal angefangen, in einem Bundes=
staate führen, bieten die Vereinigten Staaten von Nord=America.
Kaum hatte sich hier die Unionsregierung in einem Fall ver=
leiten lassen, das Eisenbahnwesen im Staate Illinois zu unter=
stützen, so lag bald nachher eine Anzahl Gesuche um ähnliche
Unterstützungen vor, welche der Union Schwierigkeiten bereiteten."

Am Schlusse des Berichtes wird der eindringliche Rath,
von jeder staatlichen Unterstützung, bestehe sie nun in Zinsen=
garantie, Actienzeichnung oder Subventionen, vollständig abzu=
sehen, wiederholt. Gleichwohl war Bundesrath Munzinger
von seiner Meinung, die Actienbahnen würden aller Betheuer=
ungen ungeachtet die Gemeinwesen und den Bund in ihre
Kreise ziehen, nicht abzubringen. Seine Befürchtung, welche durch
die Thatsachen nur zu sehr ihre Bestätigung erfahren hat, be=
gleitete er mit den denkwürdigen Worten:

„Das Gemeinwesen betheiligt sich mit großen
Summen, zahlt und befiehlt nicht, schafft sich für
die Besorgung seiner wichtigsten Interessen eine
Macht, einen Staat im Staate, eine zweite Re=
gierung, die nicht nur mit seinen Staatsinteressen
in mannigfaltige Collisionen gerathen, sondern
auch unter Umständen in politischer Beziehung
staatsgefährlich werden kann. Kommt dann die
Reue aus financiellen, aus commerciellen, aus
militärischen, aus politischen Rücksichten, so müssen
künftige Generationen auf lange Jahre hinaus
die Mißgriffe ihrer Vorfahren büßen. Das Bei=
spiel anderer Staaten sollte uns eine warnende
Lehre sein, in dieses System nicht einzugehen."

Und die Mehrheit der Vertreter des schweizerischen Volkes, — kurzsichtige Kantonesen und selbstsüchtige Sackpatrioten — gingen trotzdem auf dieses System ein. Die Geschichte ist eben, wie der Philosoph Hegel sagt, nur dazu da, um Nichts aus ihr zu lernen. Auch die Schweiz hat weder die Beispiele anderer Staaten, noch die Warnungen der Besten des Landes beachtet; nun kommt die Reue. Munzinger ist längst gestorben, seine Worte aber leben wieder neu auf als Anklage gegen seine Widersacher, welche in der Bundesversammlung die Rücksichten für das allgemeine Beste durch die bösen Eingebungen des Egois= mus unterdrückt haben — dem Lande und der Republik zum Schaden, wenn nicht zum Verderben!

Wir hoffen zwar, es werde sich bald Alles zum Besseren wenden, wir hoffen auch, weil, um mit Göthe zu reden, Hoffen in allen Dingen besser ist als Verzweifeln. Allein, wie die Dinge unglückseliger Weise liegen, steht zu befürchten, daß es den Gründern und ihren Partisanen in den Regierungen, in den Rathsälen, in der Presse, in der „Wissenschaft" und in den Verwaltungen der Actienbanken gelingen werde, die Fortdauer des alten Schwindels zu ermöglichen. Sahen wir ja vor nicht gar langer Zeit Politiker, welche noch vor Kurzem auf Tod und Leben sich bekämpft haben, sich verbinden und Arm in Arm die „Bauernfängerei" in die Schranken fordern. Diese Bezeich= nung ist ein nagelneuer Collectivbegriff, unter dem nach einer gewissen Presse alle diejenigen verstanden werden, welche die Moral wieder in ihre Rechte eingesetzt und die Gesetze gegen= über den Actiengesellschaften und deren Verwaltungen ebenso gehandhabt wissen wollen wie gegenüber dem einfachen Bürger. Uebrigens ist die Agitation, welche vor einem Jahre in den Ar= beiterkreisen und in der Bauernsame des Kantons Zürich durch den Landwehrhauptmann Karl Bürkli in Scene gesetzt wurde, und die im Princip gegen die Fortdauer des Actienunwesens gerichtet war, keineswegs spurlos im Sande verlaufen. Sie hatte ja eine tiefe innere Berechtigung; sie war ein Protest aus der gedrückten Menge gegen eine privilegirte Minderheit, ein Nothschrei des beleidigten, sittlichen Gefühles und Rechts= bewußtseins, das man im Volke glücklicher Weise noch nicht gänzlich zu ersticken vermocht hat. Die souveräne Verachtung, die unwürdige Sprache und das abfällige Urtheil, mit welchem die Kundgebung der Arbeiter von „hervorragenden Staats= männern" und den „ersten volkswirthschaftlichen Autoritäten" tractirt wurde, hat sich bereits zu rächen begonnen; das Zürcher Volk hat die ihm zugemuthete Subvention für die Actiengesell= schaft der Gotthardbahn nicht genehmigt. Nun soll der Bund in den Riß treten; die Eidgenossenschaft sei reich genug, um die Kleinigkeit von acht Millionen zu bezahlen. Man appellirt an die Ehre des Volkes und verleugnet das Recht.

Alexis de Tocqueville spricht in seinem berühmten Werke: „Das alte Regime und die Revolution" den merkwürdigen Satz aus: „Demokratische Gesellschaften, die nicht frei sind, können reich, raffinirt, gebildet, ja selbst glänzend und mächtig sein; man kann dort Privattugenden begegnen, guten Familien= vätern, ehrlichen Kaufleuten und sehr achtbaren Bauern. Man wird dort selbst gute Christen sehen: das römische Reich wim= melte von ihnen zur Zeit seines äußersten Verfalles. Was man aber in dergleichen Gesellschaften niemals sehen wird, das sind, ich wage es zu sagen, große Bürger und namentlich ein großes Volk, und ich nehme keinen Anstand, zu behaupten, daß dort das gewohnte Niveau der Herzen und Geister unablässig fallen wird, so lange Gleichheit und Willkür zu einander gesellt sind."

Ist denn die demokratische Gesellschaft, in der wir leben, wirklich nicht frei? Doch; steht ja die Freiheit und Gleichheit aller Bürger als Grundrecht in den Verfassungen! Sollten diese Verfassungen weiter nichts als ein Stück Papier sein? Herrscht in That und Wahrheit Willkür? — Allerdings gibt es in einem wirklich freien Staate keine Privilegien, denn diese begrün= den den Despotismus, die Willkür Einzelner.

Die Actiengesellschaften besitzen, wie wir schon vorhin ge=
zeigt haben, unbestreitbar Privilegien, vor Allem die Rechte
einer handlungsfähigen Person, ohne deren
Pflichten. Was ist eine Actiengesellschaft? „Eine Actien=
gesellschaft", sagt Ludwig Bamberger, „ist ein Capital, welches man
einem Director anvertraut. Capital ist Capital, aber die Di=
rectoren sind verschieden!" Nehmen wir unsere Actienbahnen!
Der Capitalstock, der Sack Geld contrahirte je nach der Be=
schaffenheit seines Directors mehr oder weniger Schulden; so
lange er „Credit" hatte, machte der Director und seine „guten
Freunde" einträgliche Geschäfte und wenn es jenem gefiel, ließ
er auch für die Actionäre, die eigentlichen Repräsentanten des
Geldsackes, einige fette Bissen abfallen. „Und ist All's ver=
than" — nun dann geht's von vorne an, und wenn's schließlich
gar nicht mehr gehen will, so bestellen die Gerichte für den
leeren Geldsack einen Massa=Verwalter. Die Gründer, Directoren,
Verwaltungsräthe und Actionäre, welche den Geldsack in die
Welt gesetzt haben, damit er Schulden auf Schulden häufen
konnte, zahlen keinen Centime, und diejenigen, welche den Profit
in ihre weiten Taschen gleiten ließen, gründen auf den Trümmern
der alten Gesellschaft eine zweite und fangen den Schwindel von
Neuem an. Die „Gründer" streichen reiche Gewinnste ein, die
Banken vermitteln Anleihen auf Anleihen, verrechnen hohe Zin=
sen, Provisionen und Cursdifferenzen, zahlen ihren Directoren
und Verwaltungsräthen schöne Tantiemen und verschaffen den
Großactionären außer fetten Dividenden rechtzeitig Gelegenheit,
ihre Papierchens je nachdem loszuschlagen oder solche aufzu=
kaufen und in beiden Fällen die „Leute mit Hausknechtsverstand"
zu prellen.

Die von den „befreundeten Credit=Instituten" bedienten
Eisenbahn=Gesellschaften zahlten eine Zeit lang mit Zuhilfenahme
der Gründer=Arithmetik ebenfalls Dividenden, freilich nur
aus den gemachten Schulden, aus welchen sie auch die Reserve=
und Erneuerungsfonds speisten. Diese wurden statt in sicheren

Werthen und statt in Drittmannshand, bei der eigenen Casse angelegt, d. h. in das Unternehmen, in unproductive Bauten, hineingesteckt. In der Bilanz wurden als Deckung Cursverluste und
andere Löcher in der Tasche unter die Rubrik „Activen" ein-
gestellt. Von Abschreibnngen auf den Betriebsmitteln war
natürlich niemals die Rede und, da trotzdem die Reineinnahme
nicht hinreichte, um die Schuldenzinse und Dividenden bezahlen
zu können, so wurden der Betriebsrechnung die Zinsen von den
auf den Bau unrentabler Linien verwendeten Summen, mit
anderen Worten Zinsen von unproductiv angelegten, also verlorenen Capitalien gutgeschrieben und außerdem mußte die
Baurechnung eine beliebige Menge Deserteurs aus der Betriebsrechnung aufnehmen. Mit Hülfe dieser falschen Rechnungen,
künstlicher Zahlengruppirungen, gefärbter Geschäftsberichte, glän-
zender Prospecte und verlogener Zeitungsreclamen gelang es
wiederholt, Actien oder Obligationen an den Mann zu bringen,
und wird es auch ferner gelingen, die lüderliche Wirthschaft,
unbelästigt von Polizei und Justiz, bis an ihr seliges Ende
fortzusetzen. Dieses Ende wird aber ein Ende mit Schrecken sein.

Herr Stämpfli sieht die Katastrophe kommen und darum
will er, daß der Staat in's Mittel trete und den Rückkauf
der Bahnen betreibe. Freilich soll dieser erst stattfinden,
wenn der Bund sich in dem Betriebe der Bahnen versucht und
eingeschult hat. Der wahre Grund, weßhalb Herr Stämpfli
dieses Uebergangsstadium in Aussicht nimmt, suchen wir darin,
daß Niemand und nicht einmal der Motionssteller, der doch in
der Arithmetik der Actiengesellschaften einen practischen Cursus
genommen hat, sich in der Lage befindet, auf Grund der
Rechnungsausweise unserer Bahnen die Rentabilität und den
Werth derselben auch nur annähernd zu bestimmen. Aus der
gleichen Ursache ist es ebenfalls nicht am Platze, auf der Basis
der Betriebsergebnisse unserer Bahnen Vergleichungen dieser mit
solid verwalteten Bahncomplexen des Auslandes anzustellen, wie
dies z. B. Herr Ständerath Olivier Zschokke in seiner Broschüre

„Betrieb der schweizerischen Eisenbahnen unter Leitung des Bundes" in der Absicht versucht hat, die Vortheile des Rückkaufes zu erhärten. Auch Herr Stämpfli gibt sich Mühe, diese Vortheile recht hervortreten zu lassen. Allein er übersieht, daß das zu erwerbende Netz nicht blos des einheitlichen Planes der Anlage ermangelt, sondern daß die Zerstückelung des Netzes, die überflüssigen Linien, die große Zahl von Verbindungspunkten mit unbedeutenden Bahnen, die Verrenkungen des Bahnkörpers zu Gunsten localer oder privater Interessen u. s. w. für den Betrieb auch nach der Centralisation desselben sehr zeitraubend und kostspielig bleiben und die berechneten Vortheile erheblich vermindern. Ueberhaupt ist noch gar nicht ausgemacht, daß der Staat als Industrieller den Betrieb vortheilhafter besorgt als eine Privatgesellschaft. Es hängt eben in beiden Fällen die Prosperität eines Unternehmens zu einem nicht geringen Theile von der Beschaffenheit der leitenden Personen ab. In dieser Beziehung liegen gerade in Bern Vergleiche so nahe, daß wir Herrn Stämpfli die Namhaftmachung derselben wohl ersparen dürfen.

Bei dem Streite, ob Staats- oder Privatbahnen, dreht sich in der Regel Alles um die Frage, wer billiger administrirt, der Staat oder Privatgesellschaften? Für uns ist dieses Moment nicht allein entscheidend. Denn für die Allgemeinheit handelt es sich in erster Linie um die Beseitigung des gemeinschäd=lichen Actienschwindels, welcher gegenüber die paar Procent etwaiger Mehrkosten der staatlichen Verwaltung nicht in Betracht fallen. In zweiter Linie darf es einer um das Wohl des Landes be=sorgten Regierung nicht gleichgültig sein, in wessen Hände sich die einzelnen Unternehmungen und die Bahnhofanlagen der Grenzstationen befinden. Im Falle eines Krieges kann es unter Umständen von Bedeutung sein, daß die Bahnhöfe in Genf, Pontarlier, Basel und Schaffhausen ganz oder theilweise aus=ländischen Bahnen gehören und daß die wichtigsten Linien, wie die der Nordost= und Westbahnen, unter französischer

Direction stehen, von den Beziehungen des Deutschen Reiches und Italiens zur Gottharbbahn nicht zu reden. Die langjährigen Bemühungen des Großherzogthums Baden, das schweizerische Gebiet des Bahnhofareals in Konstanz als Eigenthum zu erwerben, sollten doch deutlich zeigen, welch' hoher Werth anderwärts auf die unumschränkte Herrschaft in den Anschlußbahnhöfen nicht blos vom betriebstechnischen, sondern auch vom politischen und militärischen Standpunkte gelegt wird. Gerade in letzterer Richtung darf nicht unerwähnt bleiben, daß die Verschiedenheit der Betriebseinrichtungen und die Unbekanntschaft des Fahrpersonals mit den Linien der übrigen Gesellschaften im Falle eines Krieges die heillofeste Verwirrung erzeugen können, welcher in der That nur durch eine rechtzeitige Centralisation des Betriebes der wichtigsten durchgehenden Linien vorgebeugt werden kann.

Von den übrigen Vortheilen, welche der Betrieb in der Hand des Bundes im Gefolge haben werde, als: Verminderung der Kosten für allgemeine Verwaltung, Beseitigung der unnatürlichen Schreibereien und Verrechnungen, Vereinfachung der Manipulationen des Zoll-, Telegraphen- und Postdienstes u. dgl., versprechen wir uns etwas Erkleckliches, wenn auch nicht so viel, als Herr Stämpfli. Die Complicirtheit des Eisenbahngeschäftes bleibt trotz aller Vereinfachungen in der Abwicklung des äußeren und inneren Dienstes noch immer eine große und die Schwerfälligkeit des Verwaltungsmechanismus wird sicherlich nicht vermindert, wenn die Organisation nicht eine ganz sachgemäße ist und von dem Ballaft bureaukratischer Allgewalt der Centralstelle verschont bleibt. Machte man ja den Bayerischen Staatsbahnen schon lange, bevor sie noch das große Netz der Ostbahnen sich angliederten, den Vorwurf, daß deren Verwaltung beim besten Willen nicht mehr im Stande sei, ihre Aufgabe nach Maßgabe der Anforderungen, die an ein industrielles Geschäft von solchem Umfange gestellt werden, zu erfüllen. Freilich hat das schweizerische Eisenbahnnetz, soweit es

bei der Centralisation in Betracht fällt, lange nicht die Aus-
dehnung wie das bayerische. Allein immerhin ist das Experiment,
ein Netz von circa 2000 Kilometer nach denselben Grundsätzen
durch eine Behörde leiten zu wollen, ein so großartiges, daß
mit demselben die Erwerbung der Posten und der Betrieb der
Telegraphen nicht in Vergleich gestellt werden kann. Das mer-
kantilisch-industrielle Element des Eisenbahnwesens, der ganze
Apparat und die Complication des Betriebes, sowie die Menge
der Geschäfte und der Beschäftigten erheben das Eisenbahnwesen
weit über Post und Telegraph. Es wird sich denn auch nach
der Durchführung der Centralisation und nach Beseitigung
der Widersinnigkeit und Vielköpfigkeit der Admi-
nistrationen die Vielheit der Geschäfte nicht in dem er-
warteten Umfange vermindern, dennoch werden sich durch vernünftige Vereinigung der Eisenbahnen, Posten und
Telegraphen ganz bedeutende Ersparnisse erzielen lassen,
namentlich wenn zugleich durch Errichtung von Localdirectionen
für eine ersprießliche Entlastung der Centralstelle, kurz und gut
für die unbedingt nothwendige Decentralisation der Ge-
sammtverwaltung gesorgt wird. Diese ist in der Schweiz
schon mit Rücksicht auf die historischen Traditionen, auf die re-
publikanischen Staatsformen, auf die Bodenconfiguration und
die Verschiedenheit der Bevölkerung nach Sprache, Gewohnheiten
und Bedürfnissen geboten.

Wir könnten die von den Herren Stämpfli und Zschokke
in ihren Schriften zu Gunsten eines einheitlichen Betriebes
geltend gemachten Argumente noch weiter ergänzen, corrigiren
und kritisiren, allein es gilt zunächst, nicht sowohl die Möglich-
keit und Zweckmäßigkeit plausibel zu machen, sondern die Nothwendigkeit der Centralisation zu beweisen. Wir sind
zwar nicht so ausschließlich, um uns über die gewichtigen
Gründe, welche gegen die Anhandnahme eines derartigen Werkes
sprechen, hinwegzusetzen. Allein wenn wir uns die Lage der
schweizerischen Bahnen insgesammt und speciell die der Gotthard-

bahn vergegenwärtigen, so müssen wir uns gestehen, daß in Anbetracht der schwierigen Verhältnisse wohl oder übel kein anderer Aus-
weg bleibt, als daß der Bund die Hand auf die Bahnen legt.
Die Zwangslage rechtfertigt in diesem Falle vom Standpunkte
der Staatswohlfahrt einen Eingriff in die sogenannten wohl-
erworbenen Rechte der Actienbahnen.

Allerdings, wenn die Rettung der bestehenden Gesellschaften durch Consolidirung der schwebenden
Schulden und durch Ersparnisse in der Verwaltung
möglich wäre, so könnte man vielleicht von der vorgeschlagenen
Maßregel absehen, vorausgesetzt, daß es mit dem Schuldenmachen
ein für allemal sein Bewenden hätte und daß die Ersparnisse
nicht am unrechten Orte abgezwackt werden. In letzterer Beziehung gibt aber sogar der letztjährige Geschäftsbericht des
Bundesrathes Anhaltspunkte dafür, daß die Verminderung
der Ausgaben zum Schaden der den Gläubigern
gehörigen Objecte, des Bahnkörpers, der Gebäude
und des Betriebsmaterials, sowie auf Kosten der
Betriebssicherheit practizirt werde. Die Verwahrlosung
des Oberbaues und des Rollmaterials nimmt progressiv zu, da
ja die Bahnverwaltungen nicht blos die laufenden Betriebs-
Ausgaben oft ganz ungehörig beschneiden, sondern auch
in bewußter Weise keine Vorsorge für die in Zukunft nothwendig
werdenden Erneuerungen des abgehenden Materials (Schienen,
Schwellen, Locomotiven, Wagen, Dampfschiffe rc.) treffen. Denn
bei fast allen unseren Bahnen werden die Erneuerungsfonds
nicht in Drittmannshand noch in sicheren Werthen angelegt,
sondern in das eigene Unternehmen hineingesteckt, wodurch natürlich deren Werth auf Null herabsinkt. Aber selbst dann, wenn
diese Sicherstellung der Fonds bestände, so würden sie nicht
entfernt ausreichen, um den an sie schon in der nächsten Zeit
herantretenden Bedürfnissen zu genügen.

So ist es eine ausgemachte Thatsache daß die Nordostbahn, welche bis zum Jahre 1876 den Erneuerungsfond mit

Fr. 3000 per Kilometer dotirt hat, nicht im Stande war, mit dieser Einlage die Kosten der Erneuerung zu decken. Gleichwol hat die Direction für das Jahr 1877 nur mehr Fr. 2000 per Kilometer reservirt, und auch diese Summe nur auf dem Papier; ja sie gedenkt sogar, in den folgenden Jahren eine weitere Reduction vorzunehmen, wenn nicht vorher der Concursrichter eine Revision dieser Ansätze vornimmt.

Im Geschäftsbericht pro 1877 gibt die Nordostbahndirection die Länge der eigenen Linien und Geleise, welche für die Erneuerung in Betracht fällt, auf 392 Kilometer an. In Wahrheit beträgt sie mehr, und zwar laut officiellen, von den Oberingenieuren der Bahn für richtig befundenen Angaben:

Stammnetz	213 Kilometer.
Linksufrige Zürichseebahn	61 „
Oerlikon-Bülach-Dielsdorf	20 „
Wintert'ur-Coblenz	49 „
Baden-Nieberglatt	21 „
Summa . .	364 „
Doppelspur Aarau-Zürich-Winterthur . .	76 „
Hiezu 20% Stationsgeleise	72 „
Totallänge der eigenen Geleise . . .	512 Kilometer.

Für diese 512 Kilometer benöthigt die Nordostbahn nach den bislang gemachten, einen Zeitraum von 20 Jahren umfassenden Erfahrungen als Einlage in den Erneuerungsfond per Jahr und Kilometer:

Rubrik.	Gegenstände oder Theile von solchen, die der Auswechslung unterworfen sind.	Betrag per Kilometer.	Mittlere Dauer in Jahren.	Jährliche Einlagen			
				mit Einlegung bei neuen Linien		ohne Einlegung	
				einzeln	zusammen	einzeln	zusammen
		Fr.	Fr.	Fr.	Fr.	Fr.	Fr.
Bahnbau. **A. Unterbau.**	Eisenconstructionen	5,000	50	25		100	
	Mauerwerk in Tunnels und bei Objecten aller Art, nur soweit als Ersatz nöthig	5,000	50	25	50	100	200
B. Oberbau.	Schienen, Schwellen ꝛc. nach Abzug des alten Materials . . .	20,000	15	927		1333	
	Einfriedigungen, Barrieren, Bahn- und Abtheilungs-zeichen, Telegraphen ꝛc.	4,000	10	318	1245	400	1733
C. Stationen, Hochbau.	Hochbauten, mech. Einrichtungen, Weichen, Kreuzungen, Drehscheiben, Reservoirs, Krahnen, Brückenwaagen	20,000	40	165	165	500	500
Betriebs-Inventar.	Locomotiven 0.22 Stück per Kilometer à Fr. 70,000 nach Abzug von 1/10 für altes Material . . . Personenwagen 1.0 Stück à Fr. 7000 Fr. 7,000 Güterwagen 4.5 " à " 4000 " 18,000 Fr. 25,000	14,000	15	649		933	
	ab Werth des alten Materials . . . . " 3,000 Fr. 25.000	22,000	25	461	1110	880	1813
	Total-Einlage per Kilometer und per Jahr:			2258	2579	5000	4246
Dampfschiffe	auf dem Boden- und Brückensee im Ganzen 22 Stück, Werth im Mittel per Stück . . .	150,000	30	8000		8000	
	Total-Einlage per Dampfschiff und per Jahr .				10258		13000

Hiezu (kessel dauern 7, Kessel 12 Jahre: Hauptreparaturen sind daher alle 7 Jahre nothwendig und erfordern Fr. 50.000—70.000)

3

Diese Zahlen, deren Richtigkeit die Direction der Nordost=
bahn nicht in Zweifel ziehen wird, sind sprechend. Während
der jährliche Bedarf für die Erneuerung, die Dampfschiffe einge=
rechnet, auf Fr. 5000 per Kilometer sich beziffert, wird die Einlage
mit Fr. 3000, resp. mit Fr. 2000 und in Zukunft darunter notirt.
Angenommen, die Differenz betrage blos Fr. 2000 per Kilometer,
so resultiren für rund 500 Kilometer Betriebslänge Fr. 1.000.000.
Diese Summe hätte, wenn sie von den Reineinnahmen in Ab=
zug gebracht worden wäre, schon im Jahre 1876 ein Deficit
und damit die Insolvenz der Nordostbahn=Gesellschaft documentirt.
Statt dessen aber wurden noch Dividenden an die Actionäre
entrichtet.

Bei den übrigen Bahnen sieht es ebenso schlimm, wenn
nicht noch schlimmer aus. So legen die Westbahnen Fr. 600
und die Jurabahnen blos Fr. 900 per Kilometer in den Er=
neuerungsfond. Wollten sie diesen nach Gebühr dotiren, so würde
eben der Bankerott nicht mehr länger zu verschleiern sein.*)
Uebrigens wird dieses Verfahren auf die Dauer nur mehr so
lange haltbar sein, als sich die Verwaltungen mit Schulden=
machen behelfen können. Mit dem Tage, da dieses aufhört, —
und Alles hat doch einmal ein Ende — wird der Betrug klar
werden; sicher aber wird dieser zweite Krach ärger werden als
es der erste war.

Um den gerügten Uebelständen zu begegnen, wäre es die
Pflicht des Bundesrathes, zuvörderst den Art. 31 des Gesetzes
über den Bau und Betrieb der Eisenbahnen vom 23. Dezember
1872 in Anwendung zu bringen „und dafür zu sorgen, daß die
Eisenbahnverwaltungen die Bahnen und das Bahnmaterial jeder=
zeit in einem die nöthige Sicherheit gewährenden baulichen

---

*) Eben lesen wir in den Zeitungen, daß die Jurabahnen künftig
Fr. 1800 per Kilometer in den Erneuerungsfond legen wollen, weil eine
Einlage von Fr. 900 zu niedrig sei. Die Nordostbahn dagegen will statt
Fr. 2000 künftig nur mehr Fr. 1200 per Kilometer reserviren. Wer
Augen hat zu sehen, der sehe!

Zustande erhalten." Für's Zweite sollten die Bundesbehörden der
Schuldenwirthschaft der Actienbahnen den Riegel stoßen,
überhaupt den Ausschreitungen der Actiengesellschaften durch Er=
laß eines strengen und unzweideutigen Gesetzes für die Zukunft
vorzubeugen suchen. Wir wollen nicht mehr und nicht weniger,
als daß das zur Ausführung komme, was Herr Alfred Escher
schon im Jahre 1852 im Nationalrathe angedeutet hat. Der
Staat, sagte er, besitze die Mittel, um unberechtigte Uebergriffe
zu hindern und zu unterdrücken; dem Actienschwindel und ge=
meinschädlichen Treiben der sogenannten Eisenbahnkönige könne
man durch die Gesetzgebung abhelfen. Die Gelegenheit wird
sich bei Berathung von Titel XXI des im Entwurfe vorliegenden
Schweizerischen Obligationenrechtes ergeben.

Freilich wird sich gegen die auch in anderen Staaten geplante
Reform der Actiengesetzgebung die herrschende Banco= und
Plutokratie erheben und den Satz aufstellen, daß der Staat kein
Recht habe, die Actiengesellschaften anders zu behandeln als
jeden handlungsfähigen Privaten. Mit Nichten! Denn der
Staat, dem die juristischen Personen, somit auch die Actien=
gesellschaften ihr Dasein verdanken, hat das Recht und die Pflicht,
gerade diejenigen zu überwachen und zu controliren, welche diese
Aufsicht am meisten von Nöthen haben. Denn der Gesetzgeber
ertheilt, wie wir schon früher erwähnt haben, keineswegs einer
Vereinigung von Personen, sondern einer Association von Capital=
antheilen die Befugnisse der handlungsfähigen Person, nämlich
die Befugniß, Schulden zu machen und lästige Verträge einzu=
gehen. *) Wir bestreiten nun zwar dem Staate nicht absolut
das Recht, juristische Personen zu creiren. Allein aus der An=
wendung dieses Rechtes erwächst jedenfalls dem Vater Staat
die Pflicht, die Erziehung und Ausbildung seiner Kinder strenge

---

*) Eine ausführliche Darlegung dieser Materie findet sich in Memmingers
„Alpenbahnen und deren Bedeutung für Deutschland und Oesterreich."
Kap. VI. Actiengesellschaften und Eisenbahnen. Zürich, Franz Hanke 1878.

zu überwachen, was er gegenüber einer einzelnen Kategorie von juristischen Personen, den Stiftungen, auch wirklich thut, indem er zum Mindesten deren Verwaltungen bestellt oder controlirt. In der Theorie hat er sich auch bei den Actiengesellschaften der ihm obliegenden Pflicht niemals ganz entschlagen: er concessionirt die Actienunternehmungen, prüft ferner, ob sie den gesetzlichen Normativbestimmungen entsprechen, und gibt Vorschriften über die Organisation und die Auflösung der Gesellschaft. Dadurch jedoch, daß er den Actiengesellschaften eine Freiheit der Bewegung und der Wirthschaft eingeräumt hat, welche vielfältig nicht einmal den für alle ihre Handlungen und Unterlassungen persönlich ver= antwortlichen Rechtssubjecten zusteht, hat er das Gesetz und die Controle illusorisch gemacht, sowie direct und indirect verhängniß= volle Fictionen und öffentliche Unwahrheiten sanctionirt und diese der Bevölkerung als Wahrheiten vermitteln helfen. Die Folge war, wie wir gesehen haben, die wirthschaftliche Krisis und eine heillose Corruption. Soll nun diesem, allem Rechte und jeglicher Moral Hohn sprechendem Zustande ein Ende gemacht werden, so kann nicht gewartet werden, bis das Publicum aufgeklärt genug ist, um von der „Actienfreiheit" den richtigen Gebrauch zu machen, sondern das Messer, mit dem die Aus= wüchse entfernt werden können, muß bald und scharf geschliffen werden. Die bis jetzt erlassenen kantonalen Actien-Gesetze sind allerdings auch Messer, aber von der in unseren legislatorischen Arsenalen nicht gerade seltenen Art, welchen zur Klinge das Heft und zum Hefte die Klinge fehlt. Zu dieser Kategorie gehört auch der Entwurf des schweizerischen Actiengesetzes, wie es uns in Tit. XXI. des Obligationenrechtes vorliegt. Dieser Entwurf, von welchem ein großes Aufheben gemacht wurde, ist wie das einschlägige österreichische Gesetz zum größten Theil eine wörtliche Abschrift der Art. 207—249a des deutschen Handels= gesetzes; einigen wirklichen Verbesserungen halten ebensoviele Verschlechterungen die Waage.

Wer nur eine Ahnung von den Erfahrungen und Experi=

menten hat, welche man seit dem Beginne des 17. Jahrhunderts mit Actiengesetzgebungen gemacht hat, muß ein Actiengesetz für einen ebenso wichtigen als schwierigen und folgenschweren Ge= setzgebungsact halten. Das deutsche Gesetz, mit einer beispiellosen Hast durch den Reichstag gepeitscht, wurde gleichsam zu einer Ueberrumpelung der Nation durch einflußreiche Interessenten. Es ist daher nicht zu verwundern, daß dieses Gesetz keineswegs von einem sorgfältigen Studium der Materie und der Benützung einer reichen Erfahrung zeugt. Gleichwohl wurde im schweize= rischen Entwurf dasselbe ohne sichtliche Bedenken copirt und nur an wenigen Orten ein Anlauf zu Verbesserungen genommen.

Demungeachtet sehen verschiedene Juristen den Entwurf des neuen schweizerischen Obligationen=Rechtes, der den Verwaltungen der Actiengesellschaften eine gewisse Haftpflicht gegenüber den Actionären auferlegt, als eine zu weit gehende Neuerung an. Bei der vor einem Jahre in Zürich abgehaltenen Versammlung des schweizerischen Juristenvereins wurden große Reden gehalten und großes Aufhebens von dem Entwurfe über das Actienrecht gemacht. Tant de bruit pour une omelette! Martin Luther hatte wirklich einigermaßen Recht, als er den Juristen das harte Wort zuschleuderte: „Zungendrescher gelten in der Welt für Gelehrte; denn sie können mit ihrem Waschen und Plaudern den Ungelehrten und Pöbel das Maul aufsperren und eine Nase drehen, mit einem Schein des Rechten.“ — Schein, Nichts als Schein ist der Entwurf des neuen Actienrechtes. Denn, was hier probirt wird, das hat man anderwärts längst schon als Illusion erkannt. Die englische Gesetzgebung ist viel weiter gegangen, sie hat sogar eine Zeit lang die Actionäre für alle Schulden der Gesellschaft solidarisch verbindlich erklärt und obendrein die civil= rechtlichen Bestimmungen mit einem Zaun von Strafandrohungen umgeben. Und alle diese Vorsichtsmaßregeln haben sich als völlig unzureichend erwiesen; die Wölfe brachen immer rudel= weise in die Hürden ein und entwischten trotz der aufmerksamen Hirten mit ihrer Beute.

Die Geschichte des Actienwesens zeigt zur Evidenz, daß Gesetze, wie das im Entwurf vorliegende schweizerische Actien= recht, nur historischen, respective Maculaturwerth besitzen. Will man denn gar nicht sehen und ist der Localgeist, von welchem schon Stephenson klagte, daß er unfähig mache, den Blick über die Grenzen des Kantons aufzuheben und die Frage vom Standpunkte des Interesses der Eidgenossenschaft zu erörtern, ist dieser Localgeist wirklich heute noch im Stande, das Interesse einer kleinen Minderheit über das Wohl des Ganzen zu stellen? Soll der Vorwurf, der gegen die Schweizer erhoben wird, daß ihnen trotz der großen practischen Befähigung der Einzelnen jeder volkswirth= schaftliche Instinct abgehe, wirklich eine neue Begründung er= halten? Es ist übergenug Schaden erlitten worden; — macht trotzdem dieser Schaden noch nicht klug und sieht man nicht ein, daß die Wiederherstellung des „Credits" unserer Actien= bahnen gleichbedeutend ist mit einer Wiederbelebung des alten Schwindels?!

Auch die im vorliegenden Entwurfe niedergelegten Bilanz= grundsätze sind ebenfalls dem deutschen Handelsgesetze ent= lehnt, darunter die Bestimmung, daß Grundcapital und Reservefonds unter die Passiven aufzunehmen seien und daß die Differenz zwischen den Activen und Passiven den Gewinn oder Verlust vorstelle. Diese Art legislatorischer Copiatur wird die ungeheure Heiterkeit jedes Handlungslehrlings erregen; es hätte nur noch gefehlt zu sagen: „Mobilien, Immobilien, Werth= schriften und Guthaben haben unter den Activen zu figuriren". Statt der gedachten Bestimmungen wäre eher das Verbot am Platze: „Die Inventursätze dürfen in keinem Falle die Selbst= kosten übersteigen".

Uebrigens haben alle Artikel, welche das Rechnungswesen beschlagen, nur dann einen Werth, wenn eine unabhängige und unbetheiligte, von den Organen des Staates (etwa dem Bundes= gerichte) ernannte, aus Sachverständigen zusammengesetzte Prüf= ungscommission die Bücher, Rechnungen, Protocolle,

Verträge, Cassen, die Preisansätze des Inventars, die Abschrei=
bungen ꝛc. revidirt und in unbeschränktestem Maße von der
Geschäftsgebahrung und Geschäftslage Kenntniß nimmt. In
Frankreich und England besteht bereits eine ähnliche Einrichtung,
welche für gute Unternehmungen eine Stütze, für schwindelhafte
ein Damoklesschwert, für den geängstigten Actionär aber eine
Beruhigung sein wird. Vornehmlich der Mangel an Controle
hat in der Schweiz und anderswo gerade bei den großen Actien=
unternehmungen die gefälschten Bilanzen, die fingirten Vermögen,
die unverdienten Dividenden und eine heillose Schuldenwirthschaft
ermöglicht. Das Verlangen nach Beseitigung des unnützen
Instituts der Verwaltungsräthe erscheint durch die traurigen Er=
fahrungen, welche mit dieser „Controlbehörde" gemacht worden
sind, sicherlich zur Genüge gerechtfertigt. An ihre Stelle tritt
die amtlich bestellte Prüfungscommission, deren Ernennung wir,
in Anbetracht der Eigenschaft der Actien=Gesellschaften als
juristischer Personen, den Organen des Staates vindiciren.

Damit, daß der schweizerische Entwurf eine Verschärf=
ung der civil= und strafrechtlichen Verantwortlich=
keit der Gründer, Gesellschaftsorgane ꝛc. vorsieht, wird nur
einer überall hervortretenden Forderung Rechnung getragen.
Wir finden darin nichts Besonderes, sondern etwas ganz Selbst=
verständliches. Indessen geben wir uns keiner Täuschung hin:
auch die größere Verantwortlichkeit wird die Zahl der fleißigen,
tüchtigen und gewissenhaften Verwalter nicht erheblich vermehren.
Selbst die strengsten Gesetze können bei leichtsinnigen Menschen
niemals das Ehr= und Pflichtgefühl gewissenhafter Verwalter
fremden Vermögens ersetzen. Die Betrüger und Diebe könnte
selbst ein Drako nicht ausmerzen.

Für das große Uebel des Actienwesens, die übermäßige
Ausnützung des Credits und die sträfliche Miß=
leitung des Capitals, hat auch der schweizerische Entwurf
kein Mittel entdeckt. Allerdings wird kein Gesetzgeber der Welt
im Stande sein, durch Paragraphen die Individuen zu größerer

Selbstprüfung und Vorsicht bei Geldanlagen zu veranlassen; allein er kann der übertriebenen Schuldenmacherei, wodurch das Actienkapital entwerthet und schließlich die Prioritäten und Obligationen von einander aufgezehrt werden, ein Ziel setzen, indem er das Maximum der Belastung durch Schulden und Hypotheken fixirt, die Ausgabe von Obligationen und Prioritäten der Genehmigung der Generalversammlung, der amtlichen Prüfungs= commission und den Regierungen vorbehält und die Bezahlung einer Dividende für unstatthaft erklärt, so lange nicht die vor= handenen Schulden amortisirt sind. Nur dadurch wird es möglich, die Gefahren und Mißbräuche des Actienwesens zu vermindern, die speculativen Gründungen zu erschweren, das zer= störte Vertrauen zu erneuern, den Erwerb wieder auf eine solidere Basis zu stellen, die Wiederkehr acuter wirthschaftlicher Krisen möglichst zu hindern, sowie dem Schwindel und der Cor= ruption zu steuern.

Doch, was machen wir Worte und Entwürfe, da es doch sonnenklar ist, daß die „grüne Praxis" der in den Räthen dominirenden Directoren von Actiengesellschaften, ganz gleich, ob von Bahnen oder Banken, niemals unsere „graue Theorie" auch nur für discutirbar erklären wird! Denn mit dem Schulden= machen stehen und fallen nicht blos unsere Bahnen, sondern auch unsere Banken. Wenn diese blos mit ihrem eigenen Ca= pital, mit den einbezahlten Actienbeträgen, ihr Geschäft betreiben müßten, und es ihnen nicht mehr gestattet wäre, das flottante Capital an sich zu ziehen und Noten auszugeben, die doch im Grunde genommen nichts Anderes sind als unverzinsliche, auf den Inhaber lautende und auf Sicht zahlbare Schuldscheine — dann würden wir alsbald die Musterkarte der durch Baarschaft nur zu einem Drittheil oder auch gar nicht gedeckten Zeddel ledig werden und der Streit um Banknotenmonopol des Staates und Ausbeuterprivilegium der Actienbanken dürfte eine rasche Er= ledigung finden. Die nächste Folge wäre freilich die Erfüllung einer etwas socialistisch klingenden Forderung: staatliche

— 41 —

Organisation des Creditwesens. Doch, Socialismus hin, Socialismus her — mit der Schaffung der durch den Staat garantirten und für den Staat verdienenden Kantonalbanken ist bereits der Anfang zur Verwirklichung jener Idee gemacht; diese werden nach und nach das Creditwesen so vollständig zu beherrschen vermögen, daß von den übrigen Banken eine nach der andern zur Liquidation schreiten wird. Der Erfolg wird natürlich derselbe sein wie bei der von uns vorgeschlagenen Maßregel, nur wird der Ausbeuterei des Publikums durch eine kleine Minderheit von Privilegirten nicht so rasch Abbruch gethan. Wenn wir sonach Angesichts der Zusammensetzung der Räthe die Hoffnung, daß unsere Gedanken über die Reform der Actiengesetzgebung durch den Willen der Gesetzgeber zur That werden, elenbiglich zusammenschrumpfen sehen, so müssen wir uns inmitten der Misere mit dem Troste zufrieden geben, daß die Ereignisse mächtiger sein werden als der Wille der Einzelnen. Die Nationalbahn wird demnächst unter den Hammer kommen und es ist für uns zweifellos, daß sie bald Genossen finden wird. Ja, es ist sogar der Verdacht geäußert worden, Herr Stämpfli, der doch in seiner Eigenschaft als Präsident der eidgenössischen Bank und als Vertrauensmann der Directionen der National- und Jurabahnen mit dem Stande dieser und anderer Unternehmungen vertraut ist, habe in bestimmter Voraussicht der kommenden Dinge seine neueste Broschüre in die Welt gesetzt. Dafür, daß diese lediglich einer patriotischen Erregung und Eingebung ihre Entstehung verdanke, sind wenigstens bis dato noch keine Stimmen laut geworden. Doch wir lassen dies dahingestellt und wollen lediglich die Chancen des Concurses der Actienbahnen in Erwägung ziehen.

Uns bünkt der Concurs nicht der schrecklichste der Schrecken zu sein. Die Actien der meisten schweizerischen Eisenbahnen haben, wenn sie auch noch mit 5 oder 10 Prozent Curswerth von den Börsenmaklern notirt werden, schon lange einen wirklichen Werth nicht mehr. Ueberdies befinden sich die meisten Actien, weil sie eben bloß ein ordinäres Spielpapier geworden sind, in den Händen von Speculanten, für welche wir keine Regung des Mitleids kennen. Außerdem ist wohl die Hoffnung vergeblich, daß die Actien je wieder einen wirklichen Werth erhalten. Durch das fortgesetzte Schuldenmachen werden aber auch die Obligationen mehr und mehr entwerthet; dies gilt namentlich für Obligationen, zu deren Sicherung kein Pfandrecht bestellt worden ist. Gegenwärtig stehen die Obligationen so niedrig im Curse, daß im Falle des Bankerottes kein allzu großer Verlust sich ergeben kann, zumal wenn die Gläubiger selbst die Bahn erwerben. Eine Ausnahme machen die Transportanstalten, welche kaum die Betriebskosten herausschlagen; allein diese werden, wenn es ihnen auch noch einige Zeit gelingt, durch neue Anleihen alte Löcher zu verstopfen, noch weniger als jene Bahnen, welche zu den „besser situirten" gehören, durch das Mittel der Schulden= vermehrung sich zu consolidiren vermögen, im Gegentheil immer weitere Kreise in das sichere Verderben ziehen.

Die schweizerischen Eisenbahnherren halten dem Volke das rothe Tuch vor, auf welchem mit großen Lettern geschrieben steht: „Der Concurs ist ein furchtbares Landesunglück." Ein ehrlicher Mann — sagte uns ein alter Lehrer — vermeidet möglichst die Superlative. Wir sind deshalb immer auf der Hut, wenn der Mund mit Worten wie „furchtbares Landesunglück" voll= genommen oder von den getreuen Secundanten der Gründer= obersten die Mahnung verübt wird: „Wir werden die Schadens= folgen mit etwelcher Resignation tragen und austheilen müssen."

Die Capitalentwerthung auf den schweizerischen Eisenbahnen beträgt heute ungefähr 450 Millionen Francs. Auf die Be= völkerung vertheilt ergibt sich auf 1 Million Einwohner 180 Millionen Capitalverlust, während bei den 5 Milliarden, die Frankreich an Deutschland als Kriegsentschädigung zahlen mußte, auf eine Million Franzosen nur 140 Millionen Capital= verlust kamen. Nach der Lehre der „volkswirthschaftlichen Autori= täten" und „hervorragenden Staatsmänner" in der Schweiz wird jene Capitalentwerthung dadurch vermindert, daß fortwährend neue Schulden zu den exorbitantesten Bedingungen contrahirt und die in aller Herren Länder zusammengebettelten Anleihen zum Baue unrentabler Linien verwendet werden. Wenn sich dann nach einiger Zeit herausstellen wird, daß die Capitals= entwerthung wieder einen Schritt vorwärts gethan hat, und daß die „volkswirthschaftlichen Autoritäten" und „hervorragenden Staatsmänner" auf dem nationalöconomischen Gebiete Resultate erzielen, welche kaum mit verlorenen Kriegen verglichen werden können — so haben doch die Directoren, Verwaltungsräthe, Hof= buchdrucker und Creditanstalten ein artiges Geschäft gemacht und das Nationalvermögen — so nennen sie ihre Hosentaschen — auf splendide Weise bedacht. „Zeit gewonnen, Vieles gewonnen", sagen jene Herren und darum bieten sie Alles auf, um den Concurs zu vermeiden. Herrschen ist bekanntlich schön, aber der Concurs ist auch gleichbedeutend mit dem Verluste der politischen Macht und deshalb wäre er ein „furchtbares Landesunglück." Doch aufgeschoben ist nicht aufgehoben: freilich werden dann die letzten Dinge ärger sein als die ersten. Quidquid delirant reges, plectuntur Achivi.

Doch setzen wir selbst den Fall, das Sprüchwort „wer ein= mal lügt ꝛc." sei kein Wahrwort, die Versicherungen der Eisenbahn= matadoren hätten auf Glaubwürdigkeit vollen Anspruch und das Volk werde, aller früheren Versprechungen vergessend und den Grundsatz der Rechtsgleichheit mißachtend, an eine Actiengesellschaft, wie die Gotthardbahn, eine Schenkung von 8 Millionen*) votiren, gesetzt ferner, es sei möglich, ohne weitere Inanspruch= nahme des Staatssäckels die Bahn auszubauen, wer wird dann eintreten, wenn sie statt des berechneten Ueberschusses ein Deficit ertragen wird? Nach den bestehenden, mit Teutschland und

---

*) Wir sagen ausdrücklich 8 Millionen, da die 1½ Millionen, welche die Bundeskasse der Central= und Nordostbahn vorzuschießen gedenkt, aller Wahrscheinlichkeit ebenso wenig einzubringen sein werden wie die Million, welche seiner Zeit an den Jura industriel ausgeliehen worden ist.

Italien abgeschlossenen Verträgen wird die Eidgenossenschaft dafür einzustehen haben, daß die Bahn nicht blos betrieben, sondern daß sie nach dem von der internationalen Conferenz festgesetzten Programm betrieben wird. Für das resultirende Betriebs= deficit wird die Actiengesellschaft, falls sie nicht schon vorher zusammenbricht, voraussichtlich nicht aufzukommen vermögen und die Eidgenossenschaft in die Lücke zu treten gezwungen sein. „Der Bien muß!"

Herr Oberingenieur Thommen in Wien, wohl einer der bedeutendsten Männer, welche die Schweiz hervorgebracht, hat in einer Broschüre*) die Unwahrscheinlichkeit der Vor= anschläge, welche die sogenannten commerciellen Experten der Gotthardbahn aufgestellt haben, überzeugend dargethan und auf die Erfahrungen bei der Brennerbahn, deren Erbauer er ist, hingewiesen. Diese hat es nach zehnjährigem Betriebe zu einer Brutto=Einnahme von Fr. 36,000 per Kilometer gebracht und trotzdem war sie nicht im Stande, das ca. 80 Millionen Franken betragende Anlagecapital zu verzinsen. Angenommen, die Gotthard= bahn werde eine größere Einnahme erzielen, was mindestens noch zweifelhaft ist, so darf anderseits nicht übersehen werden, daß sie unter viel ungünstigeren Betriebsverhältnissen als die Tyroler Bahn arbeiten muß. Wir glauben demnach als sicher annehmen zu dürfen, daß die Gotthardbahn wenigstens in den ersten fünf Jahren an Deficits laboriren werde, deren Höhe beim Brenner heute noch jährlich mehrere Millionen beziffert.

Außerdem droht der Gotthardbahn ein schlimmer Concurrent zu erstehen. Durch den Ausbau der türkischen Bahnen, welchen Oesterreich als Besitzer von Bosnien und Serbien in's Werk zu setzen gewillt ist, wird der Verkehr über Genua und den Gotthard einerseits, über Triest, Venedig und den Brenner anderseits eine beträchtliche Einbuße erleiden. Um nun den Schaden, der durch die directe Verbindung der Levante, resp.

*) A. Thommen, die Gotthardbahn, 1877.

des ägäischen Meeres mit der Donau (mittelst der Linie Salo=
nichi-Novi=Wien) den Eisenbahnen im Westen der habsburgischen
Monarchie voraussichtlich erwachsen wird, auszugleichen und zu=
gleich den Handelsverkehr mit dem Rhein, der Schweiz und
Frankreich über das eigene Gebiet zu leiten, wird neuerdings
das Project der Arlbergbahn (Innsbruck=Bludenz=Rorschach)
mit Eifer ventilirt. Diese Route würde Havre, Paris und den
Oberrhein in gerader Richtung mit Ungarn und der Türkei ver=
binden und somit der Gotthardbahn nicht minder wie den süd=
deutschen und oberitalienischen Bahnen Eintrag thun. Bereits
ist eine Anzahl von Ingenieuren damit beschäftigt, eine rationelle -
Trace für die Arlbergbahn festzustellen, und man glaubt, diese
Linie gleichzeitig mit der Gotthardbahn in Betrieb setzen zu können.
Die Verwirklichung dieses von den competenten Kreisen in Oester=
reich, vorab vom Ministerium und dem Kaiser selbst bestimmt
in Aussicht genommenen Projectes wird für die Schweiz und
die Gotthardbahn von nicht zu unterschätzenden Folgen begleitet
sein. Zu gleicher Zeit wird in Bayern und Tyrol für die Er=
bauung der Fernbahn*) — directe Linie Innsbruck=Kempten via
Fernpaß — agitirt, da man dort anfängt, die Wichtigkeit der nach
dem goldenen Horn auszuführenden Schienenwege zu erkennen.
Auf jeden Fall wird der levantinische Handelszug, nach
Eröffnung der Eisenbahn Novi=Salonichi, beziehungsweise des
Theilstückes Banjaluka=Mitrowicza, einen anderen Weg ein=
schlagen und Oesterreich die Vermittlung des Welthandels zwischen
Asien und dem Abendlande übernehmen. Diese unausbleib=
liche Revolution im Gebiete des Verkehrswesens ist
in der Schweiz bislang fast gar nicht in Rechnung gezogen

---

*) Eine ausführliche Darstellung der Fernbahn in technischer, commer-
cieller und volkswirthschaftlicher Beziehung findet sich in Memminger's
„Alpenbahnen" Kapitel IV u. V nebst Karten und Plänen; Verlag von
Franz Hanke in Zürich, 1878. Auch im deutschen Reichstage wurde bei
Gelegenheit der Gotthardbahn-Debatte auf die Bedeutung der Fernbahn
in einläßlichen Voten aufmerksam gemacht.

worden. Von den Wenigen, die nach vorwärts zu schauen sich gewöhnt haben, nennen wir den viel verhöhnten und nicht im mindesten gewürdigten Herrn Dr. Joos von Schaffhausen, der schon vor Jahren auf den Niedergang unserer Industrie, auf die stetige Vermehrung der Bevölkerung, auf die Unmöglichkeit, derselben eine dauernde, halbwegs menschenwürdige Existenz zu sichern, sowie auf die Nothwendigkeit der staatlichen Organisation der Auswanderung hingewiesen hat. Das Ziel der Aus= wanderung wird sich, nach Herstellung geordneterer Verhältnisse auf der Balkanhalbinsel, von Westen nach Osten wenden, namentlich wenn die Länder südlich der Donau durch eine directe Eisenbahnlinie den europäischen Industrie=Centren näher gerückt sein werden. Wir für unseren Theil legen dieser im Vorbeigehen berührten Frage vom kosmopolitischen sowohl als vom speciell schweizerischen Standpunkte aus eine viel größere Wichtigkeit bei, als der Gotthardbahnfrage, obwohl auch diese namentlich mit Rücksicht auf die zwischen der Schweiz, Deutsch= land und Italien bestehenden Vertragsverhältnisse unleugbar einen internationalen Charakter an sich trägt.

Herr Stämpfli hat es unterlassen, dieses Capitel vom „tro= janischen Pferd" einläßlicher zu behandeln. Er wollte es wahr= scheinlich vermeiden, durch Berührung der heiklen Angelegenheit im vorneherein die immer noch mächtigen „Gotthardianer" gegen sein Project einzunehmen. Wir dagegen haben uns, weil un= abhängig von Rücksichten auf Stellung u. s. w., um so weniger vor der Unpopularität zu scheuen, da wir ja niemals die Grün= der und Börsianer umworben haben und da wir ferner wissen, daß die Mehrheit des schweizerischen Volkes jede Solidarität mit den Machenschaften der Gotthardmänner perhorrescirt. Sollte das Volk gleichwohl die ihm zugedachte Subvention be= willigen, ohne zugleich die Gotthardbahn ihres Characters als Actienunternehmen zu entkleiden, so wird es später in den sauren Apfel beißen und für die Betriebsausfälle aufkommen müssen. Aus diesem Grunde sollte schon jetzt die Frage geprüft werden,

wann und wie die Centralisation zunächst der grö=
ßeren Bahnen durchzuführen ist, ohne den Bund mit einem
anderen financiellen Risico als jenem, welches der Bau und Be=
trieb der Gotthardbahn nach sich zieht, zu belasten. Auf diese
Weise könnte der Bund mit dem Gewinne, den die Anschluß=
linien an die Gotthard= und Arlbergbahn aus diesen ziehen,
das Deficit der Gotthardbahn decken. Wenn zugewartet wird,
bis die Nordost=, Central= und Vereinigten Schweizerbahnen
wieder in eine bessere Lage versetzt werden, dann werden
diese den Profit ruhig in die Tasche stecken und dem Volke die
Bezahlung des Gotthard=Deficits überlassen. Jetzt hat der Bund
das Heft in den Händen; es braucht Nichts mehr als eine
strenge Handhabung der Controle, um die einst übermüthigen
Gesellschaften mürbe zu machen und ihnen die Concessionen auf=
zunöthigen, welche deren Uebergang an den Bund dem Volke
genehmer machen.

So und nicht anders stehen die Sachen und wer nicht
hören will, der wird fühlen müssen. Man mag sich gegen den
Staatsbetrieb sträuben, wie man will, — er ist, wie nun
einmal die Dinge unglücklicher Weise liegen, vom politischen,
militärischen, staats= und volkswirthschaftlichen
Standpunkte wohl das einzige Mittel, dem gemeinschädlichen
Treiben der Eisenbahnmatadoren und ihrer Helfer und Hehler
ein Ende zu machen und für die Zukunft des Landes in den
verschiedensten Richtungen Sorge zu tragen. Freilich soll der
Bund auf derartige financielle Experimente, wie sie
Herr Stämpfli vorschlägt, nicht eingehen. Für die Gläubiger
der ohnehin meist insolventen Bahnen thut der Bund gerade
genug, wenn er die Krisis beschwört, die Rückkehr soliber
Zustände ermöglicht, den Betrieb der Bahnen auf Rechnung
der Gläubiger so billig als möglich weiterführt und den nach
Deckung der Betriebsausgaben und nach Abzug der Einlagen
in den Erneuerungsfond sich ergebenden Ueberschuß an die
Obligationäre vertheilt. Der Modus für diese Repartition

könnte erst nach Abschätzung des Betriebsmaterials, nach
Taxirung des Bestandes des Bahnkörpers, des Oberbaues, der
Gebäude rc., sowie nach der Distribution der Verkehre auf die
Netze der einzelnen Gesellschaften und der daraus erzielten Ein=
nahmen gefunden werden. Auf jeden Fall aber könnten die
Gläubiger die Vertretung ihrer Interessen mit größerer Sicher=
heit dem Bunde und dessen Organen als den bisherigen Direc=
toren und Verwaltungsräthen anvertrauen.

Erst dann, wenn nach zehnjährigem Betriebe der
Werth der einzelnen Linien sich genauer fixiren läßt — gegen=
wärtig ist dies bei der Natur der unzuverläßigen Rechnungs=
methode der Actienbahnen absolut unmöglich — wird auf den
Rückkauf einzutreten sein, unsertwegen auf Grundlage der von
Herrn Stämpfli gemachten Proposition des fünfundzwanzigfachen
Betrages des durchschnittlichen Reinergebnisses. Die Bezahlung
würde nicht in Baar, sondern in eidgenössischen, innerhalb 25
Jahren rückzahlbaren Rententiteln erfolgen. Der Zinsfuß
derselben richtete sich nach dem Range, in welchen die Gläubiger
und die Actionäre bei Uebernahme des Betriebes durch den
Bund eingereiht würden. Nach diesen Rangstufen fände auch
die Vertheilung des jährlichen Reingewinnes statt; wer innerhalb
der zehn Jahre leer ausgeht, dessen Ansprüche werden als durch
Verjährung erloschen betrachtet.

Wir wollen es unterlassen, die für unsere Vorschläge spre=
chenden Präcedenzfälle aus anderen Ländern anzuführen
und die in den umliegenden Reichen theils vollzogene, theils
angestrebte Centralisation der Verkehrsanstalten in der Hand
des Staates des Näheren auseinanderzusetzen. Was anderwärts
möglich war, sollte in der Schweiz wohl nicht unmöglich sein
und gewiß würden sich die zur Ausführung der vorgeschlagenen
Organisation befähigten Männer finden lassen. Uebrigens ge=
hört nicht viel dazu, daß der Bund besser administrirt als die
Actiengesellschaften. Wenn jetzt die eidgenössische Verwaltung in
manchen Dingen nicht ist, wie sie sein sollte, so hält sie doch

in den meisten Dingen den Vergleich mit den Abministrationen anderer Staaten aus. Bei einiger Anstrengung und gutem Willen wird noch Manches zu verbessern möglich sein, zumal wenn man bedenkt, daß die eidgenössische Centralverwaltung kaum ein Menschenalter der Schulung hinter sich hat. Wer eben schwimmen lernen will, muß in's Wasser gehen und sich versuchen. Man gebe dem Bund den Betrieb der Eisenbahnen und es wird sich Vieles zum Besseren wenden. Die Schweiz soll und kann den Beweis antreten, daß das Wort jenes Basler Rathsherrn — „Die Eisenbahnen sind ein Todesurtheil der großen Staaten über die kleinen" — nicht zutreffe. Möge darum ein begabter und energischer Staatsmann den Ge- danken erfassen und sich als Devise das spartanische Wort setzen: „Kehr' als Sieger oder kehre nimmer!"

Inhaltsverzeichniß.

strengen Sinne des Wortes, aber er hat sich auf dem Gebiet des Eisenbahnwesens ein
so tüchtiges Wissen erworben, daß er mit Fug und Recht Fachmännern gegenüber das
Wort führen darf. Er hat dies mit seinen Aufschlüssen über die Nordostbahn-Fäulniß
bewiesen und beweist es auch mit dem vorliegenden Buche. Die Abschnitte über die
Geschichte der Alpenpässe, die schweizerischen Alpenbahnprojecte, nicht minder das Kapitel
über Actiengesellschaften und Eisenbahnen, sind außerordentlich instructiv. Das weit=
schichtige Material ist wirksam verwerthet, das Urtheil frisch und die Form der Dar=
stellung just die rechte, um gebildete Leser, welche des üblichen Techniker-Jargon's wegen
derartige Lectüre zu fliehen angefangen haben, wieder zu gewinnen."

Schweizer Zeitung : „Die Alpenbahnen von A. Memminger sind ohne Zweifel ein in
der Eisenbahnliteratur hervorragendes Werk. Obwohl dasselbe eigentlich nur vom
deutschen und österreichischen Standpunkt aus aufgefaßt werden soll, bietet es doch auch
für den Schweizer speciell im Hinblick auf das Gotthard=Unternehmen mannigfaches
Interesse. Der Zweck des Werkes ist in erster Linie, an der Hand von Berechnungen
und Plänen darzustellen, welche en̶o̶r̶m̶e̶ ̶V̶o̶r̶t̶h̶e̶i̶l̶e̶ ̶e̶i̶n̶e̶ ̶B̶a̶h̶n̶ über den Fernpaß gegen=
über einer Arlbergbahn darbiet
mit Ungarn, dem Ausgangspunf
sollen. Ganz besonders lehrrei
verarbeitete Thema über Eisen
reichlich Gelegenheit zu lernen,
dem Eisenbahnrach bewahren n

Europa Nr. 12: „Bei der großø
bahnen, darf obige Schrift als
von Seiten der Fachkreise, der
verdient. Sie ist übrigens in ein
nicht blos der Techniker, sonder
führungen derselben folgen kann
im Hauptblatt das Eingangs=C

Neue deutsche Alpenzeitung N
marktes nimmt unstreitig Mem
Platz ein. . . . . Es verlohnt si

Hamburger Reform Nr. 105.
Schrift. Der Verfasser zeigt ni
bau= und Betriebsverhältnissen,
richtigen Urtheile über die Wi
Geschichte der Eisenbahn=Gründ
selber wurde, weil er sich als
auch nimmt er einen, unter d
leider immer seltener werdender
Niemand, der sich eingehender
Memminger's Buch zu lesen."

Zeitung des Vereins deutscher
haftesten Eisenbahnbaues ist bu
eine Reaction eingetreten und t
worden sei. Der Verfasser ist a
und zu theuer gebaut worden; t
welche den eigenthümlichen Bedi
erläßlich. Er hat sich auch schon seit längerer Zeit damit beschäftigt, wie diesem Be=
dürfniß am zweckmäßigsten abzuhelfen wäre und bildet die vorliegende Schrift einen
Beitrag zur Förderung dieses Zweckes. . . . Wir machen die Fachmänner auf das interes=
sante Buch aufmerksam."

Frankfurter Journal Nr. 105. „Der Verfasser tritt, frei von der Leber weg redend,
gegen die „Versumpfung" im Eisenbahn=Wesen auf, welche nach der Schablone und in

ben breit getretenen Geleisen der „Autoren" handelnd und wandelnd, uns mit so viel total verfehlten Unternehmungen beglückt hat. Der Verfasser, durch seine schneidigen Publicationen, betreffend den Ausbau der Schweizerischen Nationalbahn, auch in weiteren Kreisen bekannt und vielfach angegriffen, verwahrt sich gegen die Behauptung, als seien der Eisenbahnen zu viel ausgeführt worden. Nunmehr „den Nachweis zu liefern, daß die Eisenbahn-Technik nicht nur mit dem Gewohnten theuer, sondern auch mit neu Erprobtem billig bauen und doch Gutes leisten kann", dies ist der Zweck des vorliegenden Werkes, das in so einfacher, leicht zu verstehender Sprache geschrieben ist, daß auch jeder Nicht-Techniker aus dessen Lectüre sich zu belehren vermag."
Berliner Nationalzeitung Nr. 234. „Der Verfasser fällt über den Eisenbahnbau ein sehr hartes, aber leider oft gerechtes Urtheil. Wir müssen anerkennen, daß sein Urtheil begründet erscheint, besonders wenn er sich gegen die „Schablonen-Dogmatiker" wendet, die in der That nicht allein in der Schweiz, sondern auch anderswo viel verschuldet haben. Wir können dem Verfasser hier nicht in allen Richtungen folgen, erkennen aber an, daß sein Buch des Wissenswerthen und Interessanten viel enthält und es deshalb sehr beachtenswerth erscheint."
Oesterreichische Verkehrszeitung Nr. 16. „Der Verfasser versteht seinen Stoff in eine Form zu kleiden, welche denselben selbst halbwegs gebildeten Laien verständlich macht. Er streitet wider die Schablone, ausgerüstet mit der Wissenschaft des Jahrhunderts. Mit allen Hilfsmitteln der Geschichte, Geologie, Meteorologie, Volkswirthschaftslehre und Jurisprudenz gewappnet, fordert er die technische Orthodoxie in die Schranken. Er ist kein Fachmann im strengen Sinne des Wortes, allein er hat sich, von der Pike auf dienend, unterstützt durch sein sonstiges universelles Wissen und einen rastlosen Eifer in alle Zweige des Eisenbahnwesens hineingearbeitet, so daß er füglich mit den „Autoritäten" einen Gang wagen darf."
Bote für Tirol Nr. 91. „Die ebenso zeitgemäße als lohnende, ebenso kostspielige als rationelle Frage der Durchziehung der Alpenländer mit Eisenbahnlinien findet in diesem Werke eine wirklich mustergiltige Erörterung. Ein Fachmann, wie der Herr Autor ist, darf wohl auf unsere Beistimmung Anspruch machen, indem er durch eine sowohl höchst anziehende als gründliche und klare Darlegung seiner Vorschläge und Berechnungen die Realisirung derselben wünschenswerth macht."
Oesterreichische Beamtenzeitung Nr. 24. „Diese Broschüre ist geeignet, nicht nur die Aufmerksamkeit der dem Eisenbahnwesen näher stehenden Kreise, sondern auch das Interesse aller Derjenigen zu erwecken, welche ohne spezielles fachmännisches Eindringen in die Details des Gegenstandes, die hohe Bedeutung einer rationellen Entwicklung des Eisenbahnnetzes auf die gesammte wirthschaftliche Lage der Staaten und Völker zu würdigen verstehen."

Weitere Besprechungen sind enthalten in der „Augsburger Allgemeinen Zeitung Nr. 111. — Tiroler Stimmen Nr. 128—131. — Bayerische Handelszeitung Nr. 24. — Neue Frankfurter Presse Nr. 91. — Berliner Tageblatt Nr. 83. — Kemptner Zeitung Nr. 69—75. — Kemptner Tag- und Anzeigeblatt Nr. 71 und 72. — Wiener Sonn- und Montagszeitung Nr. 26 und 27. — Süddeutsche Bank- und Handels-Zeitung — Schwäbischer Merkur Nr. 118. — Weinländer Nr. 24. — Augsburger Abendzeitung Nr. 62. — Frankfurter Zeitung Nr. 60. — Wiener Deutsche Zeitung. — Neue Würzburger Zeitung Nr. 67.

Zürich, Juli 1878.

F. Hanke.